트로츠키의 마르크스주의

트로츠키의 마르크스주의

던컨 핼러스 지음 · 최일붕 옮김

책갈피

트로츠키의 마르크스주의

지은이 던컨 핼러스
옮긴이 최일붕
펴낸곳 도서출판 책갈피
등록 1992년 2월 14일(제18-29호)
주소 서울시 중구 필동2가 106-6 2층
전화 02)2265-6354
팩스 02)2265-6395
이메일 bookmarx@naver.com

첫 번째 찍은 날 2010년 8월 1일
두 번째 찍은 날 2022년 10월 5일

값 9,000원
ISBN 978-89-7966-075-3 03300
잘못된 책은 바꿔 드립니다.

차례

일러두기

1. 이 책은 Duncan Hallas, *Trotsky's Marxism*(Pluto Press, London, 1979)을 번역한 것이다. 원서는 1984년과 1987년 영국 Bookmarks 출판사에서 재출간됐다.
2. 인명과 지명 등의 외래어는 최대한 외래어 표기법에 맞춰 표기했다.
3. ≪ ≫ 부호는 책과 잡지를 나타내고, 〈 〉 부호는 신문과 주간지를 나타낸다. 논문은 " "로 나타냈다.
4. 본문에서 인용문의 출처는 모두 후주로 처리했다.
5. 본문에서 [ ]는 옮긴이가 우리말로 옮기면서 독자의 이해를 돕고 문맥을 매끄럽게 하기 위해 덧붙인 것이고, 지은이가 덧붙인 것은 [— 핼러스]라고 표기했다.
6. 본문의 각주는 모두 독자가 이해하기 쉽도록 옮긴이가 설명을 첨가해 덧붙인 것이다.

옮긴이 머리말

이 책 ≪트로츠키의 마르크스주의≫는 오래전에 출판된 ≪트로츠키 사상의 이해≫(책갈피, 1994)와 완전히 다른 책이다. 원서는 같지만 국역판이 전혀 다르다는 뜻이다. 물론 그 책도 내가 번역한 것이었지만, 이번에 완전히 새로 번역했다. 16년 전의 번역이 수감 등 당시의 불가피한 사정으로 졸속이어서 그동안 도저히 마음에 들지 않아, 출판사 측에 2쇄 발행을 유보해 달라고 요청했었다. 그러고는 전혀 손대지 않고 차일피일 미루다가 이제야 비로소 재번역을 마쳤다. 일찍이 했어야 할 일을 마쳐 시원하다는 느낌보다는 여러 해 동안 이 책을 판매하지 못한 출판사 측에 미안한 마음이 앞선다.

이 책의 원서는 처음에 1979년 영국 플루토 출판사의 'OOO의 마르크스주의' 시리즈의 하나로 출판됐다. 출판사가 지면을

120~130쪽으로 엄격하게 제한하는 바람에 방대한 트로츠키 사상을 핵심만 간추려 설명하는 데 어려움이 많았을 것이다. 그럼에도 핼러스는 이 일을 훌륭하게 해냈다. 이렇게 간결 명료한 해설을 핼러스 말고 다른 누가 할 수 있을지 궁금하다. 알렉스 캘리니코스가 쓴 핼러스 조사弔詞의 한 구절이 핼러스의 문체를 가장 잘 묘사하는 것이어서 아래에 인용하겠다.

"≪인터내셔널 소셜리즘≫ 저널의 편집자였고 두 권의 책 — ≪트로츠키의 마르크스주의≫와 ≪코민테른≫ — 과 많은 소책자와 수많은 기사와 논설을 쓴 저자로서, 특히 탁월한 연설가로서 다양한 능력을 보여 준 던컨은 신입 회원들을 혁명적 마르크스주의자 간부로 양성하는 데서 중요한 구실을 했다. …… 그는 고전적 역사가들 — 특히 기번과 매콜리 — 의 저작에 심취했고, 이것은 그의 어투와 문체에 크게 영향을 미쳤다. 던컨에게는 학술적 마르크스주의의 추상성이나 모호함 같은 것이 전혀 없었다. 그는 쉬운 용어와 짧고 간결한 문장으로 글을 썼다."

다만, 핼러스의 설명은 간결 명료한 만큼 압축적이기도 하므로 독자에게 천천히 여유를 갖고 정독하라고 권유하고 싶다. 특히, 이 책은 급변하는 정치 상황에 발맞춰 변하는 사상을 다루고 있으므로 반드시 서술의 배경이 되는 시기를 염두에 두고 읽어야 한다. 다른 모든 탁월한 마르크스주의자들과 마찬가지로 트로츠키도 초시간적·초역사적 글쓰기에 관심이 없었다.

이 책의 또 다른 장점은 트로츠키의 사상을 찬양 일색이나 비난 일색으로 다루지 않고 공과를 엄밀히 따지며 다뤘다는 것이다. 냉전 시대에 트로츠키는 흔히 비非존재로 아예 무시당했다. 드물게 그가 언급될 때는 스탈린주의자들의 비방과 중상의 대상이었을 때였다. 옛 소련 블록과 그 사회의 제도들이 붕괴하자 이제 선진 자본주의 세계의 극좌파는 거의 다 트로츠키주의 단체들인 실정이다. 이제 우익과 지배 이데올로그들은 공산당이 아니라 트로츠키를 공격하는 것으로 과녁을 바꿨다. 설상가상으로 트로츠키는 각종 자율주의자들의 왜곡에도 시달린다. 핼러스는 이런 증오와 매도에서 트로츠키를 구원하는 일에 급급하는 수세적 태도를 취하지 않는다. 그는 진실을 말하려 애쓴다. 교조나 교의가 아니라 경험과 현실에 비춘 검증이 핼러스의 정신을 이끄는 등대라 할 수 있다.

이 책의 지은이에 대해 좀 자세히 소개하고자 한다. 던컨 핼러스(1925~2002)는 맨체스터 공장 노동자인 부모 사이에서 태어나 열네 살 때 공산당 청년동맹에 가입하는 것으로 정치 인생을 시작했다. 그러나 바로 그해(1939) 독일-소련 불가침 조약에 환멸을 느끼고 고민하다가 자신이 다니던 금속 견습공 양성 학교 앞에서 사회주의 신문을 사서 읽고, 이듬해 그 신문을 발행하던 어느 트로츠키주의 단체에 가입했다. 그 단체는 당시에 겨우 200명쯤 되는 혁명적 사회주의 단체였고, 자본가들과 개혁주의자들,

스탈린주의 공산당이 모두 그 단체를 공격하고 있었다. 핼러스처럼 10대 청소년이 제국주의 세계대전의 와중에 그런 단체에 가입하는 데는 상당한 용기가 필요했을 것이다.

1943년 핼러스는 군에 징집돼 프랑스와 벨기에 등지에서 독일군과의 전투에 참가했다. 종전 후에는 이집트 주둔 영국군에서 하사로 복무하던 중 부대 철수와 해산을 요구하는 병사 파업을 주도해 수개월 동안 군사 감옥에 수감되기도 했다. 그 뒤 고향인 맨체스터로 돌아와 금속 공장에서 일했다.

1947년, 옛 소련 블록 사회의 성격이 사회주의가 아니라 관료적 국가자본주의라는 팔레스타인 마르크스주의자 이가엘 글룩스타인(토니 클리프)의 견해를 받아들여 1951년 클리프와 함께 ≪소셜리스트 리뷰≫ 그룹의 창립자가 됐다. 이 그룹은 1960년대 초 국제사회주의자들IS로 개명하고, 1976년에는 사회주의노동자당SWP으로 개명한다. 그러나 1955년 주경야독하느라(에든버러 대학교 입학) 스코틀랜드로 이주하면서 핼러스는 ≪소셜리스트 리뷰≫ 그룹에서 사실상 이탈했다. 그 대신 영국 전교조NUT : National Union of Teachers 등에서 열심히 활동했다.

1968년, 바로 그 유명한 해, 핼러스는 IS에 (재)가입했다. 토니 클리프(1917~2000)의 부인 하니 로젠버그는 당시를 이렇게 회고한다. "그에게 가입 원서를 건넨 나는 그가 자기 교사 월급의 3분의 2를 매달 회비로 내겠다고 적어 놓은 것을 보고 깜짝 놀랐다. 내가 회비 인상이 아니라 인하를 설득한 회원은 던컨뿐이었다. 그는 오랫동안 자신의 주장을 굽히지 않다가 우리[하니와 클리프]의 협공에 밀려 마지못해 회비를 약간 내리기로 합의했다."

재가입 이후 핼러스는 급속히 주요 리더로 떠올랐고, 노동조합 투쟁 활동에도 헌신적이었다. 다시 하니 로젠버그의 회고다. "1970년대 대규모 산업 투쟁기에 던컨과 나는 NUT에서 긴밀하게 협력했다. 교사들의 파업 투쟁은 1969~1975년에 오랫동안 빈발했다. …… 던컨은 매우 전투적인 완즈워스 지회[런던 지부 산하]에서 적극적으로 활동했다. …… 던컨은 파업 찬성 표결을 이끌어 내기 위해 끈질기고 정력적인 투쟁을 주도했다. 그는 탁월한 논쟁가였다. 냉정하고 선생님처럼 차분하게 주장함으로써 지식뿐 아니라 논쟁 능력 면에서도 거듭거듭 다른 사람들을 압도했다. 첫 달에는 스물네 명의 [런던 지부 재정총무위원회] 위원 중 던컨과 나를 포함한 우리 회원 세 명만 파업 찬성표를 던졌으나, 둘째 달에는 여섯 명이, 셋째 달에는 아홉 명이, 넷째 달에는 스물네 명 전원이 파업에 찬성했다. 이것은 던컨 등 NUT 내 우리 회원들이 반대파와 끊임없이 논쟁하면서, 당시 고양되고 있던 노동계급 투쟁의 영향력을 이용해 반대파를 압도하고 그들에게 운신의 폭을 주지 않은 결과였다."

계속해서 하니 로젠버그는 회고한다. "그 뒤 NUT 역사에서 가장 영광스런 시기가 시작됐다. 1975년까지 국가적 파장을 일으킨 파업이 끊이지 않았고, 그 덕분에 전국에서든 런던에서든 교사 봉급이 대폭 인상됐다. 한번은 교통비 등 특별 비용 지원액을 350파운드로 인상하라고 요구한 파업이 있었는데, 제출된 요구보다 더 큰 성과를 얻었다. 어떤 이유로 컴퓨터가 끝자리에 숫자 0을 입력할 수 없어서 351파운드로 인상된 것이다. 교사들의 사회 · 정치 의식은 엄청나게 고양돼, NUT 내 우리 조직은 상당한 세력으로 성장했다. 1980년대까지 큰 판형의 소식지를 정기적으로 발행했고(여러 해 동안 던컨이 편집자였다), 많은 교육 자료와 산업 쟁점을 다룬 소책자들을 발간했고, 교사 대회나 노동조합 회의를 개최했고, 신입 회원들을 수백 명씩 받아들였다. 던컨은 우리 회원들이 개최한 집회와 시위를 주도하는 등 이 모든 활동에서 결정적 구실을 했다."

그 뒤 핼러스는 1995년 와병으로 적극적 정치 활동을 못 하게 될 때까지 SWP의 중앙위원으로 활동했다. 사기 저하와 패배감이 만연한 시기였는데도 그는 20년간 여기저기 전국을 쉴 새 없이 돌아다니며 크고 작은 각종 모임에서 새로운 사람들과 대화하고 그들의 이야기를 듣는 것을 아주 좋아했다. 매우 많은 청년들이 그와 대화하며 마르크스주의와 혁명적 전통에 대해 배웠다. 그 덕분에 그는 거의 모든 적극적 당원들의 얼굴을 알고 있었고, 그래서 당 사무총장직도 잠시 역임했다. 그는 영국뿐 아니라 호주, 남아프리카공화국, 캐나다 등 세계 전역을 돌아다니며 신생 조직들이 혁명적 전통 안에서 입지를 확보하도록 도와줬다.

SWP의 대규모 연례행사인 맑시즘 포럼에서 핼러스가 다양한 주제 — 역사유물론, 영국 노동계급의 투쟁, 혁명적 전통, 인류의 기원 — 로 연설할 때마다 수백 명의 청중이 강연장을 가득 메웠다. 1990년에는 역자도 그중 한 명이었다. 그가 한국 출신 방문자인 내게 저녁 때 바에서 생맥주를 사겠다고 해, 조금치의 과장도 없이 진짜로 단 한순간도 멈추지 않는 그의 줄담배(돌돌 말아 피우는 값싼 궐련이었다) 연기를 참아 가며 그와 유익한 대화를 나눴던 기억이 난다. 그는 실로 명쾌했고, 그럼에도 겸손했고, 영국과 많이 다른 상황에서 활동하는 사람의 어려움을 헤아릴 줄 알았다. 그의 책이 한국에서 출판되면 한국어판 머리말을 써 줄 수 있겠느냐는 내 질문에 그는 "노력하겠다"면서도 자기가 "게으르니 너무 믿지 말라"고 덧붙였다.

1999년 병으로 휠체어를 타고 다니며 끊임없는 불편에 시달려야 했을 때도 그는 크리스 하먼의 ≪민중의 세계사≫를 두 번 읽었고 독일어를 배우고 있다고 동료 당원 이언 버철에게 말했다. 75살 나이에 말이다.

이 책은 저자의 이런 치열한 삶과 불굴의 의지, 예리한 지성의 산물이다.

2010년 7월

옮긴이 최일붕

감사의 말

이 책은 토니 클리프의 격려와 조언과 실제적 도움에 힘입어 나왔다. 이 책이 트로츠키의 사상을 다른 저작들과 다르게 다루고 있는 것은 1947년부터 지금까지 클리프가 내놓은 평가와 비판에 많이 의존하고 있기 때문이다. 물론 내가 강조한 것들이 다 클리프의 기여에 의지한 것은 아니다.

다른 세 사람한테도 특별히 고맙다는 말을 하고 싶다. 나이젤 해리스의 저작과, 또 그와 나눈 대화를 통해 나는 내가 트로츠키에 대해 처음에 내린 평가를 상당히 수정했다. 존 몰리뉴는 ≪마르크스주의와 당≫을 통해서 우리 각자가 그 주제에 대해 가질 수도 있는 피상적 견해보다 훨씬 더 많은 통찰을 제공함으로써 내게 영향을 미쳤다. 하니 로젠버그는 바쁜 정치 활동의 와중에

짬을 내어 내 원고를 타자 쳐 주었다. 그녀가 돕지 않았더라면 이 책은 세상에 나오지 못했을 것이다.

던컨 핼러스

머리말

레온 트로츠키는 1879년에 태어났다. 그가 성년이 되어 의식을 갖게 됐을 때는 제2인터내셔널의 사회민주주의적 마르크스주의가 득세하기 시작하던 때였다.

어느 세대에든 여러 정신세계가 있을 수 있다. 이 다양한 정신세계는 매우 상이한 상황에서 비롯하고, 사회 구조에 근원을 두고 있고, 이전 시기에 공존하던 이데올로기들의 유산이다. 사회민주주의 정신세계는 당시에 존재하는 과학적이고 유물론적인 세계관에 가장 근접했고, 또 가장 진보한 정신세계였다.

우크라이나 지방의 유대인 농민 가정에서 태어난 레프 다비도비치 브론슈타인Lev Davidovich Bronstein(트로츠키라는 이름은 교도소 교도관 이름을 빌어 온 것이다)이 그러한 세계관을 갖게 된 것은 비교적 이례적인 일이었다.

그의 아버지 브론슈타인은 부농, 즉 러시아어로 쿨락이었다. 그렇지 않았다면 트로츠키는 정식 교육을 거의 받지 못했을 것이다. 그는 유대인 증오가 공식적으로 조장되고 실제로 유대인 학살이 드물지 않게 일어나던 나라에 살고 있던 유대인이었다.

어쨌든, 청년 트로츠키는 초기에 가졌던 낭만적 혁명주의를 버리고 마르크스주의자가 됐다. 그리고는 곧 제정의 전제정치하에서 활동하는 직업혁명가가 됐고 정치범이 됐다. 그는 19살에 처음 체포돼 18개월 동안 수감된 뒤 4년간의 시베리아 유형을 선고받았다. 그는 1902년에 탈출해 이후 죽을 때까지 혁명 운동을 자신의 직업으로 삼았다.

이 책은 사건 전개보다 그의 사상을 다룬 책이며 그의 전기는 더욱 아니다. 아이작 도이처가 쓴 세 권짜리 전기가 저자의 일부 정치적 결론들이 가진 문제점들에도 불구하고 앞으로도 오랫동안 여전히 권위 있는 전기일 것이다.

그러나 트로츠키 사상을 요약적으로 소개하려다 보면 즉시 어려움에 빠지게 된다. 생애 내내 트로츠키는 노동자 운동에서 혁명가들이 맞닥뜨리는 당면 문제들에 대부분의 위대한 마르크스주의자들(레닌은 두드러진 예외다)보다 훨씬 더 많이 관심을 가졌다. 그의 연설이나 글은 거의 다 당면 쟁점들과 당면 투쟁에 대한 것이다. 그의 마르크스주의를 이른바 '서구 마르크스주의'와 비교하면 더할 나위 없이 대조적이다. '서구 마르크스주의'에 대체로 공감하는 입장에서 서구 마르크스주의 역사에 대해 집필한 어떤 사람[페리 앤더슨]은 이렇게 썼다. "서구 마르크스주의의 으뜸가는 근본 특징은 마르크스주의와 정치적 실천의 구조적 분리였다."[1] 트로츠키의 마르크스주의에 대해서 이런 얘기를 한다는 것은 어림도 없는 일이다.

따라서 트로츠키의 사상이 형성된 배경을 개괄적이고 부족하게나마 얘기할 필요가 있다.

러시아는 후진적이었고, 유럽은 선진적이었다. 이것이 러시아 마르크스주의자들(물론 마르크스주의자들만이 아니라 다른 사상가들도) 모두 기본으로 갖고 있던 생각이었다. 유럽은 산업화가 많이 진전됐으므로 선진적이고, 더구나 마르크스주의 강령을 충실히 따르고 있다고 공언하는 상당 규모의 노동자 당이라는 형태로 사회민주주의가 급성장하고 있으므로 선진적이었다. 러시아 마르크스주의자들에게는 독일어 사용국들의 사회민주당들이 중요했다. 이 점은 러시아를 넘어서 일반적으로도 어느 정도 그랬다. 독일 제국과 오스트리아 제국의 사회민주당들은 마르크스주의 강령(각각 1891년의 에르푸르트 강령과 1888년 하인펠트 강령)을 전면적으로 채택한 성장하는 노동자 정당들이었다. 그들은 러시아 마르크스주의자들에게 지대한 영향을 끼쳤다. 이미 노동계급이 분기하고 있던 폴란드를 러시아와 독일과 오스트리아가 분할하고 있었다는 사실이 그러한 연관을 강화했다. 그래서 로자 룩셈부르크는 러시아령 폴란드에서 태어났지만 독일 노동자 운동에서 두각을 나타냈다. 이것은 전혀 문제가 되지 않았다. 당시의 사회민주주의자들은 '국경'을 부차적으로 여겼다.

사상의 측면에서 말하면, 이 성장하는 [사회민주주의] 운동(독일에서는 1878~1890년 사이에 불법화돼 있다가 1890년 제한된 보통선거에서 150만 표를 얻었다)은 초기 마르크스주의와 19세기 말에 엥겔스가 발전시킨 마르크스주의를 종합한 것의 뒷받침을 받았다. 엥겔스의 ≪반뒤링론≫은 과학에 기초한 총체적 세계관을 제시하려는 시도였는데, 뒷날 "마르크스주의의 교황" 칼 카우츠키는 이러한 세계관을 대중화(또는 통속화)하는 데 이 책을 전거로 삼았다. 그리고 역시 이 책을 기초로 해 러시아 마르크스주의자 플레하노프는 그러한 세계관을 좀 더 심오하게 설명했다.

청년 트로츠키는 이러한 흥미 있는 지적·실천적 세계 — 엥겔스와 그의 제자들은 노동자 당을 설립함으로써 이론과 실천 사이의 연결 고리를 만들어 놓았다 — 에서 지적으로 성장했고, 금세 엥겔스의 그저 그런 제자들 이상의 인물이 됐다. 그는 엥겔스를 무척 존경했다.

그렇지만 그는 마르크스주의 세계관을 받아들인 지 몇 해 지나지 않아서 당시 마르크스주의자들이 후진국 문제에 대해 설파하고 있던 정설에 도전한다. 그러나 그 전에 그는 망명한 러시아 마르크스주의 지도자들을 만나 러시아 사회민주주의노동당 1903

년 대회 — 사실상의 창당 대회 — 에서 두드러진 구실을 한다.

1902년 여름 트로츠키는 건초더미 속에 숨어서 시베리아의 베르홀렌스크에서 탈출했다. 10월에 그는 런던 킹크로스 기차역 근처에 있는, 러시아 사회민주주의 지도부가 일하고 있는 건물에 도착했다. 레닌, 크룹스카야, 마르토프, 베라 자술리치가 모두 그 곳에 살고 있었고, 중앙집권적이고 규율 있는 당을 옹호하는 사람들의 기관지 〈이스크라〉가 바로 그 곳에서 제작돼 러시아로 몰래 반입돼 지하 활동가들 사이에서 배포됐다. 레닌은 편집부에 트로츠키를 충원하기를 원했지만, 플레하노프가 강력히 반대했다. 트로츠키는 곧 〈이스크라〉 팀 내의 논쟁에 연루됐다. 그리하여 트로츠키는 레닌뿐 아니라 장차 멘셰비즘의 지도자가 되는 플레하노프, 마르토프와도 가까이 지내게 됐다. 이미 〈이스크라〉 그룹 내에서 분열의 씨앗이 자라고 있었다.

1903년 여름에 열린 대의원회의에서 분열 양상이 노골화했다. 〈이스크라〉 지지자들은, 유대인들 사이에서 활동하는 문제에 관한 한 자율권을 요구하는 유대인 사회주의 조직 분트와 경제주의자들의 개혁주의 경향에 맞서 함께 싸웠다. 그런 다음, 〈이스크라〉 그룹 자체가 다수파, 즉 볼셰비키와 소수파, 즉 멘셰비키로 분열했다.

처음에는 분열의 양상이 명확하지 않았다. 문제 자체가 아직 명확하지 않았기 때문이다. 처음에 플레하노프는 레닌을 편들었고, 트로츠키는 멘셰비키 지도자 마르토프를 편들었다.

그로부터 두 해가 지난 뒤 트로츠키는 러시아로 돌아왔다. 1905년 혁명이 진행되고 있었다. 혁명 과정에서 트로츠키는 중심인물로 우뚝 섰다. 겨우 스물여섯 살에 그는 가장 뛰어난 혁명 지도자이자 국제적 유명 인사가 됐다. 망명 정치 소그룹 출신인 그는 이제 기가 막힌 웅변가이자 대중 지도자로 변신했다. 페테르부르크 소비에트 의장으로서 그는 전술 지도를 상당 정도 할 수 있었고, 1917년 혁명에서 더욱 두드러지게 드러나는 확신에 찬 정치 감각과 강철 같은 대담성을 보여 주었다.

1905년 혁명은 패배했다. 제정 군대는 뒤흔들리기는 했지만 와해되지는 않았다. 1905년 혁명 — 레닌은 그것을 "예행 총연습"이라 불렀다 — 을 겪고 나서 사회민주주의의 다양한 경향들이 더욱 분화됐다. 여전히 명목상 멘셰비크였던 트로츠키는 자기만의 독특한 이론인 연속혁명론을 발전시켰다.

이후 10년 동안 트로츠키는 다시 소규모 망명자 서클에서 활동했고, 이제는 서로 양립할 수 없는 경향들[볼셰비즘과 멘셰비즘]을 통합하려는 헛된 노력을 했다. 그 뒤 제1차세계대전이 일어나, 트로츠키는 반전 활동을 했다. 1917년 2월 혁명이 일어나 차르가 타도됐다. 트로츠키는 1917년 7월 이제는 진정한 대중적 노동자당이 돼 있는 볼셰비키당에 입당했다. 그의 개성과 재능과 명성 덕분에 트로츠키는 입당한 지 몇 주 만에 볼셰비키를 지지하는 대중의 눈에 레닌 다음가는 인물로 비쳤다. 그는 38세에 10월 봉기를 실제로 조직하는 임무를 떠맡았고 당과 국가에서 두세 번째 중요한 인물이 됐다. 얼마 뒤 그는 세계 공산주의 운동인 코민테른의 가장 중요한 지도자 가운데 하나가 됐다. 그는 적군赤軍을 창설하고 지휘했고, 모든 정책 분야에 영향을 미쳤다.

그러나 트로츠키는 이러한 위치에서 밀려나는 운명을 맞이하게 된다. 그것은 단순히 개인의 비극이 아니었다. 트로츠키는 혁명이 일어남에 따라 일어났고 혁명이 가라앉음에 따라 가라앉았다. 트로츠키의 개인 역사는 러시아 혁명과 국제 사회주의의 역사와 융합돼 있다. 1923년부터 그는 러시아에서 고개를 쳐들기 시작하던 반동, 즉 스탈린주의에 맞섰다. 1927년에 그는 당에서 출당당하고 1929년에는 소련에서 국외 추방당한다. 이후 죽을 때까지 11년 동안 그는 진정한 공산주의 전통을 살리고 그것을 혁명 조직으로 구현하기 위해 이길 가망이 없었는데도 영웅적 투쟁을 벌였다. 고립당하고 온갖 비방을 듣던 그는 마침내 1940년 스탈린의 지령으로 암살당했다. 그는 불안정한 국제적 조직과, 응용 마르크스주의의 가장 풍부한 보고 가운데 하나인 방대한 저작들을 남겼다.

이 책은 네 가지 주제에 초점을 맞추고 있다. 그 네 가지 주제들로 마르크스주의 사상에 대한 트로츠키의 공헌을 전부 포괄할 수는 없다. 결코 그럴 수 없다. 왜냐하면 그는 너무나 광범한 분야에 관심을 가진 이례적인 다작가였기 때문이다.

그럼에도 그가 평생 관심을 가졌던 문제들은 이 책에서 다루고 있는 네 가지 주제에 집중돼 있고, 그가 남긴 방대한 저작들도 이렇게 저렇게 그 주제들과 연관돼 있다. 그것들은 다음과 같다.

첫째, 연속혁명론. 20세기 러시아 혁명과 그 뒤 식민지 · 반식민지 — 이른바 "제3세계"라고 부르는 — 에서 전개된 상황에 대한 연속혁명론의 타당성.

둘째, 러시아 혁명의 결과와 스탈린주의 문제. 트로츠키는 스탈린주의에 대한 역사유물론적 분석을 최초로 꾸준히 시도했던 사람이다. 스탈린주의에 대한 그의 분석을 우리가 어떻게 비판하든지 간에 그의 분석은 이후 마르크스주의 관점에서 이뤄진 모든 진지한 분석의 출발점이었다.

셋째, 매우 상이한 상황에서 대중적 혁명 정당이 사용하는 전략과 전술. 트로츠키는 전략과 전술 부문에서 마르크스와 레닌 못지 않은 공헌을 했다.

넷째, 당과 계급의 관계. 혁명 운동이 노동자 대중조직의 언저리에 제한돼 있던 역사적 상황 전개 문제.

아이작 도이처는 말년의 트로츠키를 "고전 마르크스주의의 계승자"라고 묘사했다. 실제로 그는 그랬다. 그러나 트로츠키는 그 이상이기도 했다. 바로 이 때문에 트로츠키의 사상은 오늘날에도 유효하게 적용될 수 있는 것이다.

1장
연속혁명

18세기의 마지막 30여 년 동안 지구 표면의 작은 모퉁이인 영국에서 아주 먼 과거의 농업 발전 이래로 인류사를 통틀어 가장 심오한 변화를 가져온 산업혁명이 거역할 수 없는 기세로 일어났다. 하지만 오래지 않아, 부르주아지가 권력을 장악했거나 장악할 뻔했던 다른 나라들에서도 영국 자본가들을 모방하는 자들이 등장했다.

20세기 초쯤에는 산업 자본주의가 세계를 완전히 지배했다. 영국, 프랑스, 독일, 러시아, 미국, 벨기에, 네덜란드, 이탈리아, 일본 등의 식민 제국들이 지구 표면을 거의 다 차지하고 있었다. 그때까지 명목상 독립을 유지하고 있던 중국, 이란, 터키제국, 에티오피아 등 본질적으로 전前자본주의적인 사회들은 실제로는 제국주의 열강 중 하나에 지배당하고 있거나 열강들 사이에 비공식적으로 분할돼 있었다("영향권"이라는 말이 이를 잘 나타낸다). 그러한 명목상의 독립이 유지된 것은 오로지 서로 패권을 다투고 있던 제국주의 열강들 사이의 경쟁 때문이었다(이란에서 영국과 러시아의 대립, 타이에서 영국과 프랑스의 대립, 터키에서 패배자 러시아 대신에 영국과 독일의 대립, 그리고 중국에서 영국 · 미국 · 독일 · 러시아 · 프랑스 · 일본과 이들보다 열등한 다른 여러 경쟁국들의 상호 대립).

그러나 산업 자본주의 열강들에 정복당했거나 지배당한 나라들은 일반으로 말해 "식민 모국"의 복사판으로 변모되지 않았다. 오히려 그와는 반대로, 그 나라들은 본질적으로 여전히 전前산업 사회였다. 그 나라들의 사회 · 경제 발전은 정복이나 지배 때문에 심대한 영향(심대한 왜곡)을 받기는 했지만, 보통은 새로운 종류의 사회로 변모되지 않았다.

값싼 랭커셔산産 기계제 면직물 제품이 쇄도하면서 인도 직물업(독립 수공업 장인이 만드는 양질의 제품에 기초를 두었다)이 파멸했는데, 이에 대한 마르크스의 묘사는 오늘날에도 잘 알려져 있다. 여전히 그 묘사는 오늘날 "제3세계"라고 부르는 지역에 서구 자본주의가 가한 최초의 충격 — 즉, 빈곤화와 사회 퇴보 — 을 훌륭하게 개괄한 것이다.

이러한 "결합된 불균등 발전"(트로츠키의 용어를 빌면) 과정 때문에 세계 인구의 대부분은 사회적 · 경제적으로 진보하지 못했을 뿐 아니라 심지어 퇴보의 나락에 빠졌다(이 상황은 본질적으로는 지금도 계속되고 있다). 그렇다면 이러한 나라들의 주민 대중에게 탈출구는 무엇이었는가?(그리고 무엇인가?)

26세의 청년 트로츠키는 이 문제의 해결에 매우 독창적인 공헌을 했다. 그 해결 방안은 세계 규모의 자본주의 불균등 발전이라는 현실과 산업 발달의 진정한 중요성 — 진보한 무계급 사회의 물질적 토대 창출과 동시에, 스스로 지배계급의 지위에 오를 수 있고 그 지배를 통해 계급과 계급투쟁과 모든 형태의 소외와 억압을 없앨 수 있는 피착취 계급인 프롤레타리아의 창출 — 에 대한 마르크스주의적 분석에 바탕을 둔 것이었다.

물론 트로츠키는 처음에 러시아와 관련해 자신의 사상을 발전시켰다. 따라서 그의 공헌의 온전한 의미를 이해하려면 19세기 말과 20세기 초 러시아 혁명가들이 벌인 논쟁의 사상적 배경을 살펴볼 필요가 있다. 하지만 단지 러시아 혁명가들 사이의 논쟁만 고려해서는 안 된다. 따지고 보면, 당시에 진정한 국제 운동이 존재했다. 엥겔스는 다음과 같이 썼다.

> 일단 유럽과 북아메리카가 [사회주의로] 재편되면, 그것은 절반 정도 문명화한 나라들이 자발적으로 유럽과 북아메리카의 전철을 밟을 정도로 거대한 힘과 선례로 작용하게 될 것이다. 이것은 순전히 경제적 필요 때문일 것이다. 이 나라들이 [서구와] 마찬가지로 사회주의 체제에 도달하기 전에 거쳐야 할 사회·정치적 국

면들이 어떤 것일지 현재의 우리로서는 단지 한가한 가설이나 제시할 수밖에 없다고 나는 생각한다. 한 가지만큼은 확실한데, 그것은 승리한 프롤레타리아가 다른 나라에 어떤 종류든 자신의 동의를 강요하려 든다면 반드시 그 행위 때문에 자신의 승리가 약해질 수밖에 없다는 점이다.[1]

1882년 카우츠키에게 이러한 내용의 편지를 보낼 당시 엥겔스는 러시아를 염두에 두고 있지 않았다. 그 편지에 언급된 나라들은 인도 · 알제리 · 이집트 그리고 "네덜란드 · 포르투갈 · 스페인의 식민지들"이었다. 그럼에도 엥겔스의 전반적 인식 방법은 1889년에 창립되는 제2인터내셔널의 생각을 대표하는 것이었다. 그 생각에 따르면, 정치 발전 과정은 경제 발전 과정을 따른다는 것이다. 그래서 자본주의를 파괴하고 (프롤레타리아 독재기를 거쳐) 결국 프롤레타리아와 그 밖의 다른 모든 계급을 미래의 무계급 사회로 해소시킬 혁명적 사회주의 운동은 자본주의와 자본주의의 불가분의 부수물인 프롤레타리아가 먼저 발전한 곳에서 발전하게 되리라는 것이다.

러시아의 마르크스주의자들 — 그 선구자인 '노동계급해방단'은 엥겔스가 카우츠키에게 편지를 보낸 바로 다음 해에 결성됐다 — 은 러시아를 이러한 역사 도식 속에 자리매김해야 했다. '노동계급해방단'의 지도자 플레하노프는 이에 대해 아무런 의심도 하지 않았다. 1880년대와 1890년대에 그는 러시아 제국이 본질적으로 전자본주의 사회이며 그러므로 사회주의 문제를 다룰 수 있으려면 그 전에 반드시 자본주의 발전 과정을 거쳐야 한다고 주장했다. 그는 마르크스가 한때 가벼운 마음으로 해 봤던 생각, 즉 유럽 상황 전개 여하에 따라 러시아는 농민운동이 전제정치를 타도하고 1880년대에도 여전히 존재하고 있던 전통적인 공동 토지 소유(미르) 원칙을 보존함으로써 자본주의 발전 단계를 완전히 피하고 사회주의로 이행할 수 있을지도 모른다는 생각을 단호히 배격했다.

플레하노프가 '사회주의로 가는 농민의 길'을 추구하던 나로드니키(민중주의자들)와 벌인 논쟁에서 발전시킨 견해는 이후 모든 러시아 마르크스주의의 출발점이 됐다. 자본주의 발전은 러시아에서 실제로 진행중이고 미르(촌락 공동체)는 붕괴하게 돼 있으며 '사회주의로 가는 러시아 고유의 길'은 하나의 반동적 환상일 뿐이라는 생각은 다음 세대의 러시아 마르크스주의자들(레닌, 트로츠키와 그들의 동료들 모두)이 기본으로 받아들인 생각이었다. ≪레닌 전집≫ 제1 · 2 · 3권은 대부분 나로드니키 비판, 러시아에서 자본주의 발전의 불가피성과 진보적 성격에 관한 논증이 차지하고 있다. 흩어져 있던 사회민주주의 조직들과 서클들을 통합해 단일한 전국적 조직을 건설하려고 1900년에 창립한 〈이스크라〉 그룹은 그러한 조직의 토대가 산업 노동계급이라는 견해에 굳게 근거하고 있었다.

세 가지 문제가 제기됐다. 첫째, 노동계급(아직 소수일 뿐이다)과 부르주아지와 농민(대다수다)의 정치적 역할 사이에는 어떠한 관계가 존재하는가? 둘째, 그렇다면 다가올 러시아 혁명의 계급적 성격은 무엇인가? 마지막으로, 러시아 혁명과 서구 선진국 노동계급 운동 사이에는 어떠한 관계가 존재하는가?

이 물음들에 대한 대답은 근본적으로 달라질 여러 정치 경향들을 규정할 두 가지 주요 쟁점들 가운데 하나였다(다른 하나는 혁명 정당의 특성에 관한 것이다). 트로츠키의 연속혁명론을 이해하려면 1905년 혁명 후에 발전된 형태로 등장한 답변들을 간략하게나마 살펴볼 필요가 있다.

멘셰비즘

멘셰비키의 입장은 다음과 같이 요약할 수 있다. 생산력의 발전상태(즉, 작지만 중요하고 성장하고 있던 근대적 산업과 결합된 러시아의 전반적인 경제적 후진성) 때문에 1789~1794년의 프랑스처럼 러시아에서도 가능한 것은 부르주아 혁명이다. 따라서 부르주아지가 권력을 장악해 부르주아 민주주의 공화국을 수립해야 한다. 그 공화국은 전자본주의적 사회관계의 잔재를 청산하고 자본주의의 토대 위에서 생산력을 급성장(그리고 프롤레타리아의 급성장)할 수 있게 해 줄 것이다. 그렇게 해서 마침내 사회주의 혁명을 위한 투쟁이 일정에 오른다.

따라서 노동계급의 정치적 임무는 부르주아지에게 차르 체제와 맞서라고 등을 떠미는 것이다. 노동계급은 정치적 독립성을 유지해야 한다. 그래서 특히, 사회민주주의자들은 비非프롤레타리아 세력들과 함께 혁명 정부에 참여해서는 안 된다.

농민은 **독립적인** 정치적 구실을 할 수 없다. 농민은 본질적으로 도시 부르주아지의 혁명을 지지하는 부차적인 혁명적 역할을 수행할 수 있다. 그리고 혁명 후에는 거의 급속한 경제적 분화를 겪어, 자본가적 농장주 계층(이들은 보수화할 것이다), 소농민 계층, 그리고 토지가 없는 농업 프롤레타리아 계층으로 변모할 것이다.

만약 러시아 혁명이 서구 사회주의 혁명보다 먼저 일어나서 서구 사회민주주의자들을 고무할지라도 러시아 부르주아 혁명과 유럽 노동자 운동 사이에는 유기적 연관이 없다.

사실, 멘셰비즘은 색조가 꽤 다양한 경향이었다. 멘셰비키마다 이 도식(위에서 기술한 도식은 플레하노프의 도식이다) 가운데 강조하는 부분이 달랐으나, 모두 이 도식의 전체적 윤곽은 수용했다.

1905년 혁명은 그러한 도식이 가지고 있는 근본적 결함들을 뚜렷하게 보여 주었다. 부르주아지는 자신에게 기대된 구실을 하려 하지 않았다. 물론 프랑스 대혁명을 깊이 연구한 플레하노프는 러시아 부르주아지가 아래로부터 막대한 압력을 받을 때만 차르 체제에 맞서 가차 없이 투쟁을 이끌 수 있으리라고 생각했다. 프랑스 혁명의 결정적 정점이었던 1793~1794년의 자코뱅 독재가 파리의 평민 대중인 상퀼로트*의 거센 압력으로 권력을 장악하게 됐던 것과 꼭 마찬가지로, 러시아에서도 노동계급이 러시아 부르주아지의 정치적 대표(또는 그들의 일부)에게 권력을 장악하라고 강제하는 진정한 추진력이 될 수 있으리라는 것이다. 그러나 1905년 혁명과 그 여파는 러시아 부르주아지 가운데는 '로베스피에르파 같은' 조류가 없음을 보여 주었다. 혁명이 분출하자 러시아 부르주아지는 차르 쪽으로 결집했던 것이다.

이미 1898년에 러시아 사회민주당의 무산된 제1차 대회를 위해 작성된 선언은 다음과 같이 말했다.

> 유럽의 동쪽으로 가면 갈수록 부르주아지는 정치적으로 더 연약하고 더 겁이 많고 치사하며, 더욱더 많은 정치·문화적 과제들을 프롤레타리아가 떠맡게 된다.[2]

이것은 지리상의 문제가 아니라 역사의 문제였다. 산업 자본

---

* 귀족들이 입던 퀼로트 바지를 입지 않은 사람들이라는 뜻이다. 상퀼로트는 프랑스 혁명에서 가장 급진적 입장을 취했던 사회 세력으로, 장인, 소상인, 노동자 등이었다.

주의의 발전과 근대 프롤레타리아의 성장 때문에 모든 곳에서, 심지어 공업화가 아직 맹아 단계에 있는 나라들에서조차도 부르주아지는 보수적인 계급이 돼 있었다. 실제로 1848~1849년 독일 혁명의 패배가 이 사실을 일찌감치 보여 준 바 있다.

볼셰비즘

볼셰비키의 견해는 멘셰비키의 견해와 똑같은 전제에서 출발했다. 즉, 볼셰비키도 멘셰비키와 마찬가지로 다가올 혁명은 계급적 성격이 **부르주아적** 혁명일 것이고 또 그럴 수밖에 없다고 보았다. 하지만 볼셰비키는 부르주아지에게 압력을 가한다는 생각을 처음부터 철저히 배격했으며 다른 대안을 제시했다.

레닌은 그의 유명한 책 ≪민주주의 혁명에서 사회민주당의 두 가지 전술≫(1905년 7월)에서 다음과 같이 썼다.

> 러시아의 정치·경제 상황이 부르주아 민주주의의 방향으로 변화하는 것은 필연적이고 불가피한 것이다. 그 무엇도 그러한 변화를 막을 수는 없지만 그러한 변화를 일으키는 세력들의 공동행동에 따라 두 가지 중 하나, 즉 그런 변화의 두 형태 중 하나로 귀결될 수 있다. 1) '차르 체제에 대한 혁명의 결정적 승리'로

끝나든지 아니면 2) 기존 세력들이 결정적 승리를 거두기에는 역량이 부족해 부르주아지 가운데 가장 '변덕스럽고' 가장 '이기적인' 세력과의 타협으로 끝나든지 할 것이다. …… 우리는 차르 체제에 진정으로 반대하고 …… 차르 체제에 대한 '결정적 승리'를 쟁취할 수 있는 세력이 실로 누구인지 확실하게 알고 있어야 한다. 대大부르주아지는 …… 그러한 세력이 될 수 없다. 우리는 그들이 결정적 승리를 바라지조차 않는다는 것을 알고 있다. 우리는 그들이 계급적 지위 때문에 제정에 맞서 결정적 투쟁을 수행할 수 없으며 사유재산, 즉 자본과 토지에 너무나도 단단히 속박돼 결정적 투쟁에 착수할 수조차 없다는 것을 알고 있다. 그들은 프롤레타리아와 농민을 겨냥해 사용되는 관료와 경찰과 군대를 갖춘 제정이 너무도 필요한 위치에 있기 때문에 차르 체제의 파괴를 원하지 않는다. 정말이지 '차르 체제에 대한 결정적 승리'를 이룰 수 있는 세력은 오직 인민, 즉 프롤레타리아와 농민밖에 없다. …… '차르 체제에 대한 혁명의 결정적 승리'는 프롤레타리아와 농민의 혁명적 민주주의 독재 수립을 뜻한다. ……

그것은 독재일 수밖에 없는데, 왜냐하면 프롤레타리아와 농민에게 긴급하고도 절대로 필요한 변화들이 현실화되면 지주와 대부르주아지와 제정 관료들이 필사적으로 저항할 것이기 때문이다. …… 물론 그것은 사회주의 독재가 아니라 민주주의 독재가 될 것이다. …… 그 독재는 기껏해야 농민에게 유리하게 토지 재산의 급진적 재분배를 시행하고, 공화정 수립을 포함한 한결같고 완전한 민주주의를 수립하고, 농촌 생활뿐 아니라 공장 생활에서도 아시아적 예속의 억압적 특징들을 모두 일소하고, 노동자 조건의 철저한 개선과 그들의 생활수준 향상을 위한 기초를 마련하고, 또한 (마지막으로 언급하는 것이지만 결코 사소한 사항은 아니다) 혁명의 큰 불을 유럽으로 가져갈 수 있을 것이다. 그러나 그러한 승리는 우리의 부르주아 혁명을 사회주의 혁명으로 결코 전환시키지 않을 것이다.[3]

레닌은 멘셰비키의 노선이 단순한 실수가 아니라 혁명을 끝까지 철저하게 수행하는 것이 내키지 않음을 나타내는 것이라고 주장했다. 부르주아 자유주의자들에게 집착하기로 한 멘셰비키의 결정은 결국 정치적 마비를 일으키고야 말 것이다. 반면에, 부르주아 자유주의자들과 달리 농민은 제정 파괴와, 토지 소유에서 봉건 잔재를 일소하는 데 진정한 이해관계를 갖고 있다는 것이다. 따라서 '민주주의 독재', 곧 사회민주당뿐 아니라 농민 대표도 참여하는 임시 혁명정부는 반동을 분쇄하고 민주 공화정(모든 민족의 완전한 평등과 자결을 보장하는)을 수립하고, 토지 재산 몰수와 하루 8시간 노동을 현실화할 '자코뱅적' 정권에 해당하는 것이다.[4]

트로츠키의 대안

트로츠키도 레닌만큼이나 굳게 '혁명적 부르주아지'에 대한 의존을 배격했다. 그는 멘셰비키의 도식을 다음과 같이 조롱했다.

> 민주주의 혁명가들인 자코뱅 당이 프랑스 혁명을 끝까지 수행했듯이 러시아 혁명도 혁명적 부르주아지의 민주주의에만 권력을 이양할 수 있다는 것은 …… 언론인적 유추와 연역을 통해 만든 초역사적 범주다. 멘셰비키는 이런 식으로 혁명에 대해 확고한 대수적 공식을 만들어 놓고는 거기에다가 있지도 않은 산술적 가치를 대입시키려 한다.[5]

이 밖의 다른 모든 점에서 트로츠키의 연속혁명론은 볼셰비키의 주장과 달랐다. 그 이론은 러시아계 독일인 마르크스주의자 파르부스에게 큰 빚을 지고 있었다.

첫째, 연속혁명론은 농민이 **독립적인** 정치적 구실을 할 수 있다고 보지 않았다. 이것은 가장 중요한 점이었다.

> 농민은 혁명적이기는 하지만 혁명을 지도하는 구실을 할 수 없다. 역사는 부르주아 국민을 속박에서 해방시키는 과제를 농민에게 맡길 수 없을 것이다. 분산성, 정치적 후진성, 그리고 특히

자본주의 체제의 틀 안에서는 해결될 수 없는 심층적인 내적 모순으로 말미암아 농민은 한편으로 농촌에서 자생적 반란을 일으키고 다른 한편으로 군대 내에서 불만을 터뜨리는 것을 통해 구질서의 뒤통수를 조금 세게 때릴 수 있을 뿐이다.[6]

멘셰비키의 노선과 일치하는 농민에 대한 이러한 견해는 프랑스 농민 계급에 대한 마르크스의 평가에 따른 것이었다.

"근대 사회에서는 도시가 주도적인 구실을 하기" 때문에 오직 도시의 계급만이 지도적인 구실을 하고, 부르주아지가 혁명적이지 않기 때문에(그리고 도시 프티부르주아지는 결코 상퀼로트의 역할을 할 수 없기 때문에)

여전히 결론은 계급투쟁에서 농민 대중을 자신의 혁명적 지도 아래 두는 프롤레타리아만이 '혁명을 끝까지 수행할 수 있다'는 것이다.[7]

이것은 결국 노동자 정부 수립을 뜻할 수밖에 없고, 레닌의 '민주주의 독재'는 단순히 착각일 뿐이다.

프롤레타리아의 정치적 지배는 그들의 경제적 노예 상태와 양립할 수 없다. 프롤레타리아가 어떠한 정치적 깃발 아래 권력을 장악하든지 간에 프롤레타리아는 사회주의적 정책의 길로 들어설 수밖에 없다. 부르주아 혁명의 내적 메커니즘에 의해 정치적으로 지배적 위치에 올라선 프롤레타리아가 자신의 사명을 부르주아지의 사회적 지배를 위한 민주공화국적 조건들을 조성하는 데 국한시킬 수 있다고 생각하는 것은, 설사 프롤레타리아 자신이 그러길 원한다 해도, 허황하기 이를 데 없는 공상이다.[8]

그러나 이러한 시나리오는 즉시 모순에 직면하게 된다. 러시아 마르크스주의자들은 모두 사회주의의 물질적 · 인간적 토대, 즉 고도로 발전한 산업과, 인구의 다수를 점하고 마르크스가 말한 '대자적' 계급으로서 조직과 의식을 획득한 근대 프롤레타리아가 러시아에 없다는 인식에서 출발했다. 레닌은 (≪민주주의 혁명에서 사회민주당의 두 가지 전술≫에서) 트로츠키를 다음과 같이 설득력 있게 비난했다.

그것은 최대 강령의 즉각적 실행과 사회주의 혁명을 위한 권력장악이라는 말도 안 되는 준準아나키즘적 발상이다. 경제 발전의 정도(객관적 조건)와 광범한 프롤레타리아 대중의 계급의식과 조직 발전 상태(객관적 조건과 떼려야 뗄 수 없게 결합돼 있는 주관적 조건) 때문에 (러시아) 노동계급의 즉각적이고 완전한 해방은 불가능하다. 오직 무지하기 이를 데 없는 자들만이 현재(1905년)

일어나고 있는 민주주의 혁명의 부르주아적 성격을 무시할 수 있다.[9]

이것이 러시아만의 문제라면 레닌의 주장은 마르크스주의자의 관점에서 보았을 때 논란의 여지가 있을 수 없다. 나중에 벌어진 사태 전개[러시아 혁명의 쇠퇴와 관료의 등장]에 비추어 볼 때 이 점을 기본적 전제로서 강조할 필요가 있을 것 같다. 마르크스 자신에게나 레닌 당시의 모든 마르크스주의자들에게 사회주의는 노동계급의 자기해방을 뜻했다. 그래서 사회주의의 전제조건은 대규모 근대산업과 스스로 해방될 수 있는 계급의식적 프롤레타리아였다.

그럼에도 트로츠키는 오직 노동계급만이 러시아 혁명에서 지도 역할을 할 수 있고 그렇게 한다면 반드시 수중에 권력을 장악하고야 말리라고 확신했다. 그 다음은 어떻게 될까?

혁명 정부는 사회주의의 객관적인 문제들에 직면할 것이다. 그러나 어느 단계에서 이 문제들의 해결은 러시아의 경제적 후진성 때문에 가로막힐 것이다. 일국 혁명의 틀 안에서는 이 모순에서 벗어날 길이 없다. 노동자 정부는 처음부터 자신의 세력과 서유럽 사회주의 프롤레타리아 세력의 단결이라는 과제에 직면할 것이다. 오직 이렇게 함으로써만 노동자 정부의 일시적인 혁명적 헤게모니가 비로소 사회주의 독재의 서막이 될 것이다. 그리하여 러시아 프롤레타리아에게 연속혁명은 계급의 자기 보존 문제가 될 것이다.[10]

엥겔스가 처음에 세운 가설은 [트로츠키에 와서] 뒤집혔다. 즉, 자본주의의 불균등 발전 때문에 후진 러시아가 일시적으로 국제 사회주의 혁명의 전위가 되는 결합 발전이 일어난다는 것이다.

연속혁명론은 트로츠키가 죽을 때까지 줄곧 그의 마르크스주의의 핵심이었다. 오직 한 가지 중요한 점에서만 1917년 이후 그의 연속혁명론 사상은 위에서 요약한 내용과 달랐다. 1917년 이전 그의 연속혁명론 사상은 노동계급의 자생적 행동에 크게 의존했다. 나중에 살펴보겠지만, 이 시기의 트로츠키는 볼셰비키의 '중앙집권제'에 반대했고 당의 지도적 구실이라는 개념을 실천에서 배격했다. 1917년에는 이 문제[중앙집권과 당의 구실]에 대한 그의 입장을 완전히 바꾸었다. 이후의 연속혁명론은 혁명적 노동자 당의 역할에 바탕을 두고 구성됐다.

검증

이론, 적어도 과학적임을 표방하는 이론은 모두 결국 실천에서 검증된다. 길고 짧은 것은 대보면 안다. 그러나 결정적인 실천적 검증은 먼 미래로, 그것도 이론가와 그의 지지자나 반대자들이 죽은 지 오랜 뒤로 미뤄질 수 있다.

원리상으로는 언제라도 실험 검증이 가능한(실험을 할 수 있는 기술적 수단들을 즉시 이용할 수 없을 수도 있지만) 자연과학 분야와는 달리, 사회 변동의 과학인 마르크스주의는(그리고 실제로 경제학 · 사회학 등 마르크스주의와 경쟁하는 부르주아 사이비 과학들도) 어떤 자의적인 시간 척도를 통해서가 아니라 오직 역사 전개 과정 속에서만 검증될 수 있다. 심지어 그러한 경우에도 단지 잠정적으로만 검증되는 것이다.

이유는 간단하다. 결과가 엄청나게 복잡할지라도 말이다. 마르크스는 "사람들은 자신들의 역사를 만들어 나아간다. 비록 자신들이 선택한 조건들 아래서 그렇게 하지는 못하지만 말이다" 하고 말했다. 당연히 역사적 조건들의 영향을 강하게 받으면서도 이전 역사 전개 과정 전체가 강요한 제약들을 밀어제치고 나아가는 수백만, 수천만 대중의 '자발적' 행위들은 가장 혜안 있는 이론가가 예측할 수 있는 것보다도 더 복잡한 결과를 낳는다. 나폴레옹의 군사론에서 금언처럼 돼 있는 "참여하면 깨달을 것이다"는 말은 의식적으로 사태의 진로에 영향을 미치려는 혁명가들에게도 언제나 금언이어야 한다.

이 점에서 20세기 초 러시아 혁명가들은 나머지 대부분 나라의 혁명가들보다 운이 좋았다. 결정적인 검증 기회가 그들에게는 매우 빨리 다가왔다. 프롤레타리아 정부가 아닌 정부에 참여하는 것을 원칙상 반대해 왔던 멘셰비키가 1917년에는 제국주의 전쟁을 계속 수행하고 혁명의 높은 물결을 제지하기 위해 사회주의 반대자들의 정부에 참여했다. 이것은 멘셰비키가 러시아 혁명의 '지롱드파'라는 레닌의 1905년 예측이 옳았음을 실천에서 증명한 것이었다.

1917년 볼셰비키는 민주주의 독재와 연립 임시 혁명정부를 옹호해 임시 혁명정부 — 레닌이 러시아에 귀국하면서 "자본가들의 정부"라고 부른 — 에 대한 '비판적 지지' 입장을 취했다가 레닌의 "4월 테제"의 충격과 혁명적 노동자 평당원들의 압력을 받아 철회하고 노동계급의 권력 장악을 향해 결정적으로 선회했다.

1917년 레닌이 말로 밝히지는 않았지만 실천에서 — 그리고 형식을 차리지 않고 — 민주주의 독재라는 사상을 버리고 연속 혁명의 관점을 받아들임으로써 트로츠키가 옳았음이 훌륭하게 밝혀졌다.

또한, 1917년은 그해 7월 트로츠키가 조그맣고 주로 지식인들인 지지자들을 이끌고 대중정당인 볼셰비키당에 입당하기 전까지는 혁명적 대위기 속에서 사실상 고립되고 무력해 사태의 진로에 영향을 미칠 수 없었음을 보여 주었다. 따라서 1917년에는 프티부르주아 '마르크스주의자들'의 이데올로기적 영향력에서 벗어난 노동자 당을 건설하기 위해(그러한 독립성을 조직이라는 수단으로 이룰 수 있는 한도까지는) 레닌이 벌였던 길고도 험난한 투쟁이(트로츠키는 10년 이상이나 이것을 "종파주의"라고 비난했다) 옳았음도 훌륭하게 입증됐다.[11]

러시아 혁명의 핵심 전략 문제에 관한 한 트로츠키가 옳았음이 입증됐다. 그러나 토니 클리프가 지적했듯이, 트로츠키는 "이렇다 할 만한 군대를 갖고 있지 못한 명장"이었다.[12] 이후에 트로츠키는 그 사실을 절대로 잊어버리지 않았다. 나중에 그는 1903~1904년에 규율 있는 노동자 당의 필요성 문제를 놓고 레닌과 결별했던 사건을 "내 생애 최대의 잘못이었다"고 썼다.

10월 혁명을 통해 러시아 노동계급은 권력을 장악했다. 그 일은 중부 유럽과 정도가 덜하기는 하지만 서부 유럽에서 구체제에 반대하는 혁명적 반란의 물결이 고조되는 맥락 속에서 일어난 일이었다.

트로츠키의 관점과 1917년 4월 이후 레닌의 관점은 적어도 "한두"(언제나 조심스러운 레닌은 이렇게 말했다) 선진국에서 프롤레타리아 혁명이 성공하는 것에 결정적으로 달려 있었다.

결국, 기성 사회민주당들(1914년 이후 실천에서 보수적이고 국수주의적인 당이 됐음이 입증된)의 영향력과 그 당들을 탈당한 '중간주의' 대중정당 지도자들이 보인 1916년에서 1921년 사이에 동요와 회피 때문에 독일 · 오스트리아 · 헝가리 · 이탈리아 등지에서는 혁명이 성공하기도 전에, 또는 일시적으로 혁명이 성공한 다른 곳에서는 혁명이 정착하기도 전에 혁명 운동이 중단돼 버렸다.

이러한 사실들이 낳은 결과에 대한 트로츠키의 분석은 나중에 살펴볼 것이다. 그보다 먼저 제2차 중국 혁명(1925~1927년)과 그 혁명의 결과를 트로츠키의 이론에 비춰 살펴보는 것이 유용할 것이다.

1925~1927년 중국 혁명

중국 공산당CCP은 1921년 7월 반제국주의 정서와, 형성된 지 얼마 안 되지만 상당 규모인 산업 노동계급이 스스로 조직하려고 애쓰고 있던 해안 도시들의 노동계급 투쟁성이 고조되는 것을 배경으로 창립했다.

처음에는 아주 작고 오직 지식인들로만 이뤄졌던 중국 공산당은 몇 년 뒤에는 새롭게 태동한 노동운동의 사실상의 지도부가 될 수 있었다.

당시 중국은 영국 · 프랑스 · 미국 · 일본 제국주의들 사이에 비공식적으로 분할된 반식민지였다. 독일 제국주의와 러시아 제국주의는 1919년 이전에 전쟁과 혁명으로 말미암아 중국에서 축출당했다.

각 제국주의 열강은 자신의 '영향권'을 유지하고 있었고 '자신의' 지방 호족이나 군벌 또는 '국민정부'를 지지하고 있었다. 그래서 당시에 가장 우위를 점하고 있던 제국주의 열강인 영국은 중국 중부의 양쯔 강 유역을 지배하고 있던 군벌 우페이푸吳佩孚에게 무기와 자금, '고문단'을 지원했다. 일본 제국주의는 만주 군벌 장쭤린張作霖에게 동일한 지원을 해 주었다. 나머지 영토는 대부분 이러저러한 제국주의 열강에게 번갈아 가며 붙는 약소 군벌들이 지배했다.

광둥과 그 인근 지역은 예외, 그것도 매우 부분적인 예외였다. 바로 이 지역에서 중국 민족주의의 창시자 쑨원孫文이 모호한 '좌파적' 언사들로 꾸며진 민족 독립과 근대화와 사회개혁 강령에 바탕을 두고 기반을 다져 놓았다. 1922년 이전까지는 무정형無定型의 거의 있으나마나 한 조직이었던 쑨원의 국민당KMT은 광둥 지방의 '진보적' 군벌의 관용에 의존하고 있었다.

그러나 1922년부터 사전 준비 작업을 한 국민당 지도부는 소련 정부와 협정을 체결했는데, 이 협정에 따라 소련은 1924년 정치 · 군사 고문단을 광둥에 파견하고 무기를 지원하기 시작했다. 그리하여 국민당은 비교적 효율적인 군대를 거느린 중앙집권화한 당이 됐다. 게다가 1922년 말부터 중국 공산당원들은 '개인 자격으로' 국민당에 입당했다. 그들 가운데 세 명은 심지어 국민당 집행부의 자리에 올라갔다. 이 정책은 중국 공산당 내부에서 어느 정도 저항에 부딪혔음에도 공산주의인터내서널(코민테른) 집행위원회가 강요해 관철됐다. 중국 공산당은 국민당에 사실상 매이게 됐다.

이후 1925년 초여름에 대중파업 운동이 상하이에서 일어나 광둥과 홍콩을 포함한 중국 중부와 남부의 주요 도시들로 확산됐다. 이 파업은 처음에는 부분적으로 경제적인 것이었으나 외국 군대와 경찰의 탄압으로 급속히 정치적인 성격을 띠게 됐다. 거대한 대중 반란 운동이 고양과 침체를 여러 차례 거듭하는 가운데 1927년 초까지 그 도시들에서 벌어졌다. 중국 공산당이 지도하는 파업위원회들이 '제2정부'를 이루는 일종의 이중권력 상황도 몇 차례 있었다. 그리고 같은 시기에 여러 주요 지방에서 농민반란이 일어났다. 군벌 정권들은 뿌리부터 흔들렸다. 국민당은 중국 공산당의 도움을 빌어 질풍노도에 편승하고 더 나아가 그것을 이용해 아무런 사회 변화 없이 전국적으로 권력을 장악하려 했다. 1926년 초에 국민당은 코민테른에게서 동조 정당이라는 인정을 받았다!

1925년경 트로츠키는 여전히 소련 공산당의 정치국원이기는 했지만, 정책에 직접적 영향력은 전혀 행사할 수 없었다. 아이작 도이처에 따르면,[13] 1926년 4월 트로츠키는 공산당이 국민당에서 탈당할 것을 요구했다. 그리고 그해 9월 처음으로 충실한 논설을 통해 소련 공산당의 중국 정책을 비판했다.

중국의 혁명 투쟁은 1925년부터 새로운 국면에 돌입했다. 이 국면의 두드러진 특징은 프롤레타리아의 광범한 계층들의 능동적 개입이다. 그와 동시에, 상업 부르주아지와 그들과 연계된 지식층 인자들은 파업과 공산주의자, 소련에 대해 적대적인 태도를 취하면서 우경화로 치닫고 있다. 이러한 기본적 사실에 비추어 볼 때, 공산당과 국민당의 관계를 새로 정립하는 문제가 반드시 제기될 필요가 있음이 명백하다. ……

중국 부르주아지가 우경화하고 있다는 점 못지않게 중국 노동자 대중운동이 좌경화해 가고 있다는 것도 확실한 사실이다. 국민당이 노동자들과 부르주아 계급의 정치적·조직적 연합에 기반을 두고 있으므로 이제 계급투쟁의 원심분리적 경향 때문에 분열할 것임에 틀림없다. ……

공산당의 국민당 참여는 공산당이 겨우 향후의 **독자적** 정치 활동을 준비하면서 그와 동시에 계속되는 민족 해방 투쟁에 참여하려는 선전 단체였던 시기에는 완전히 올바른 것이었다. …… 그러나 중국 프롤레타리아가 대규모로 각성하고 있고 투쟁과 독자적 계급 조직을 갈망하고 있다는 사실은 결코 부인할 수 없는 것이다. …… 이제 공산당의 당면한 정치적 임무는 각성한 노동계급이 직접 독자적인 지도력을 발휘하도록 투쟁하는 것이다. 물론 이것은 국민혁명 투쟁에서 노동계급을 철수시키는 것이 아니라, 노동계급이 중국 대중의 투쟁에서 가장 단호한 투사

> 가 되는 것뿐 아니라 헤게모니를 쥔 정치 지도자가 되도록 하는 것이다. ……
>
> 국민당 안에서 영리한 책략과 훌륭한 조언을 통해 프티부르주아지를 설복할 수 있다고 생각하는 것은 가망 없는 공상이다. 공산당이 스스로 강해지면 강해질수록, 즉 중국 노동계급의 지지를 더 많이 받을수록 공산당은 도시와 농촌 프티부르주아지에 대한 직접·간접적 영향력을 더 많이 행사할 수 있을 것이다. 그러나 이 모든 것은 독자적인 계급정당과 계급정책에 바탕을 두고서만 가능한 것이다.[14]

이러한 주장은 스탈린과 그의 분파가 결코 받아들일 수 없는 것이었다. 그들의 정책은 이유 여하를 불문하고 국민당에 달라붙어 공산당을 국민당에 강제로 예속시키는 것이었다. 이런 식으로 그들은 소련의 믿음직스러운 동맹[국민당]이 중국 남부에 계속 존속할 수 있고 그러다가 나중에는 전국적으로 권력을 잡을 수 있기를 희망했다.

이 정책은 '민주주의 독재'라는 테제를 부활시킴으로써 이론으로 정당화됐다. 즉, 중국 혁명은 부르주아 혁명이며 따라서 중국 혁명의 목표는 프롤레타리아와 농민의 민주주의 독재여야 한다는 것이다. 노동자와 농민의 동맹을 유지하기 위해서 운동은 '민주주의적' 요구들에 애써 머무를 필요가 있다. 사회주의 혁명은 일정에 오르지 않았다. 국민당이 농민 정당이 명백히 아니라는 사실 때문에 생긴 어려움은 국민당이 실제로는 다계급 정당, 즉 '4계급 동맹'(부르주아지, 도시 프티부르주아지, 노동자, 농민)이라는 주장으로 대응했다.

> 도대체 4계급 동맹은 무엇을 뜻하는 것입니까? 여러분은 지금껏 한 번이라도 이러한 표현을 마르크스주의 문헌에서 읽어 본 적이 있습니까? 만약 부르주아지가 부르주아지의 깃발 아래 피억압 인민대중을 이끌고 자신의 지도로 국가권력을 장악한다면, 그것은 동맹이 아니라 부르주아지가 피억압 대중을 정치적으로 이용하는 것입니다.[15]

핵심 문제는 부르주아지가 제국주의자들에게 투항할 것이라는 점이다. 그러므로 국민당은 반드시 반혁명적 역할을 할 것이다.

> 중국 부르주아지는 현실적이고 세계 제국주의의 본질을 잘 알고 있어서, 세계 제국주의에 맞서 정말로 진지하게 벌이는 투쟁은 주로 부르주아지 자신에게 위협이 될 혁명적 대격변을 불가피하게 수반하게 될 것이라는 점을 이해하고 있다. …… 우리는 러시아 노동자들에게 자유주의자들과 프티부르주아 민주주의자들이 차르 제정을 분쇄하고 봉건제를 타파할 능력과 각오를 갖고 있

다고 믿지 말라고 애초부터 가르쳤다. 그렇다면 그 못지않게 정력적으로 중국 노동자들에게도 똑같은 불신을 잔뜩 고취해야 할 것이다. 식민지 부르주아지의 마음속에는 혁명성이 '내재해 있다'며 스탈린-부하린이 퍼뜨리는 완전히 잘못된 새 이론은 본질적으로 멘셰비즘을 중국 정치의 언어로 옮겨 놓은 것이다.[16]

결과는 잘 알려져 있다. 1926년 3월 광둥에서 국민당 군대의 사령관 장제스는 좌파에 맞서 첫 번째 쿠데타를 일으켰다. 소련의 압력을 받아 중국 공산당은 굴복했다. 장제스 군대가 '북벌'에 나서자 노동자·농민의 반란 물결이 군벌 세력들을 분쇄했지만, '동맹'에 충실한 공산당은 '과격한 행동'을 막으려고 최선을 다했다. 1927년 3월에 장제스가 상하이에 입성하기 전에 군벌 세력들은 중국 공산당이 지도한 두 번의 총파업과 한 차례의 봉기로 패배했다. 장제스는 노동자들에게 무장해제를 명령했다. 중국 공산당은 저항하지 않았다. 그 직후 4월에 노동계급은 학살당하고 노동운동은 분쇄당했다. 국민당의 분열이 뒤따랐다. 장제스가 군사 독재자가 되는 것을 두려워한(이 두려움은 결국 현실이 됐다) 민간인 지도자들은 우한武漢(한커우漢口)에 자신들의 정부를 수립했다.

이제 코민테른은 중국 공산당에게 이 '좌파' 국민당 정권을 지지하라고 강요했다. 그리하여 중국 공산당은 노동부 장관과 농업부 장관 직책을 맡았다. 이 정권의 지도자 왕징웨이汪精衛는 그들을 자신의 목적에 이용하고 몇 달 뒤에는 쿠데타를 일으켰다. 그는 그 뒤 심지어 일본 점령하 중국 괴뢰정부의 수반이 되기도 했다. 중국 공산당은 지하로 잠적할 수밖에 없었고 도시에 있는 대중 기반을 급속히 잃어버렸다. 결정적 대결을 해야 했을 때마다 중국 공산당은 국민당에 저항하지 말라고 어렵게 얻은 영향력을 이용해 노동자들을 설득했던 것이다.

그리고 소련 공산당 내 투쟁이 결정적 단계에 이르자 스탈린-부하린 당권파는 방향을 백팔십도 바꾸었다. 그 때문에 중국 공산당은 국민당에 거듭 투항하던 정책에서 명백한 무력 정변으로 노선을 변경해야 했다. 스탈린과 부하린은 1927년 12월 소련 공산당 제15차 대회에서 반대파(스탈린과 부하린은 반대파를 축출하려고 계획하고 있었다)의 비판을 피하기 위해 중국에서 승리가 필요했다. 코민테른의 새로운 밀사 하인츠 노이만이 광둥으로 파견됐고 그는 거기에서 12월 초에 쿠데타를 기도했다. 광저우廣州에서 중국 공산당은 여전히 상당한 지하 세력을 갖고 있었다. 대부분이 그 지방 노동자들인 공산당원들 5000명이 봉기에 참여했다. 그러나 정치적인 준비도, 선동도, 노동계급 대중의 참여도 없었다. 공산주의자들은 고립됐다. 이 '광둥코뮌'은 1839년 프랑스 파리에서 블랑키의 봉기를 분쇄하는 데 걸린 시간 — 이틀 — 과 거의 같은 시간 안에 같은 이유로 분쇄됐다. 그것은 노동계급의 계급투쟁과 계급의식 수준을 고려하지 않은 채 기도한 무력 정변이었다. 그 결과, 중국 공산당은 상하이 학살보다 훨씬 더 큰 대량 학살이라는 대가를 치렀다. 중국 공산당은 더는 광둥에서 존속하지 못했다.

연속혁명론은 다시 한 번 그 타당성이 명백히 입증됐다. 부정적 의미에서 말이다. 제국주의의 중국 지배는 더 오래 지속될 수 있었다.

그러나 중국 공산당이 볼셰비키가 1917년 4월 이후에 밟았던 노선과 똑같은 노선을 밟았다고 가정해 보자. 1920년대의 중국 같은 후진국에서도 프롤레타리아 독재가 정말로 가능했을까?

트로츠키는 이 문제에 개방된 태도를 보였다.

> 중국의 '비자본주의적' 발전의 길이라는 문제는 레닌이 조건부적 형식으로 제기했다. 즉, 우리와 마찬가지로 그에게도 중국 혁명은 그 자체의 힘만으로 헤쳐 가도록 내버려 둔다면, 즉 소련의 승리한 프롤레타리아와 모든 나라 노동계급의 직접적 지원이 없다면 기껏해야 중국 자본주의 발전의 가능성을 최대한 크게 제공하는 것으로, 그래서 노동운동에 더 유리한 조건들을 창출하는 것으로 끝날 수 있으리라는 것은 기본에 속했고 지금도 그러하다. …… 그러나 먼저, 자본주의적 길의 불가피성이라는 것은 결코 입증된 바 없다. 두 번째로 ― 이 점은 우리에게 비할 바 없이

시기적절한 주장인데 — 부르주아지의 과제들은 다양한 방법으로 해결될 수 있다.[17]

두 번째 논점은 나중에 다시 살펴볼 필요가 있다. 20세기 후반부에 이르러 앙골라, 쿠바, 베트남을 거쳐 잔지바르(지금은 탄자니아의 일부다)에 이르는 여러 나라들에서 일련의 혁명들이 일어났는데, 이 혁명들은 프롤레타리아 혁명이 아니었음은 물론이고, 또한 고전적 의미의 부르주아 혁명들도 물론 아니었다.

트로츠키와 그와 동시대에 살았던 어느 누구도 이 같은 상황 전개를 예측하지 못했다. 20세기 전반부에 그 올바름이 결정적으로 입증된 연속혁명론은 분명히 이후의 이러한 상황 전개에 비추어 다시 고찰할 필요가 있다. 필자는 이 문제를 이 책의 마지막 장에서 다룰 것이다.

2장
스탈린 체제

계급이 없고 참으로 자유로운 사회에 대한 꿈과 희망은 매우 오랜 것이다. 이것은 지금까지 전해 내려오는 14세기 이후 수많은 반란자들과 이단자들의 단편적 저술들에서 충분히 입증된다. 1381년 영국 농민 대반란 때 "아담이 땅을 파고 이브가 실을 잣던 시절에 신사는 누구였는가?" 하는 시가詩歌가 유행했다. 그리고 초기 그리스도교와 초기 이슬람, 이보다 훨씬 더 오래된 사회들에서도 정도의 차이는 있을망정 이와 비슷한 정서들을 확인할 수 있다(지배계급의 이데올로기가 지나치게 스며들어 있다 하더라도 말이다).

마르크스는 근본적으로 새로운 사상을 주창했다. 그의 새로운 사상은 다음과 같이 요약할 수 있다. 과거(산업 자본주의 이전의) 세대의 가장 선진적인 사상가들과 활동가들의 염원은 아무리 찬양받을 만하고 미래를 위해 고무적인 것이라고 하더라도 그들이 살던 시대에서는 실현될 수 없는 것이었다는 단순한 의미에서 공상이었다. 계급사회, 곧 착취와 억압은 생산력과 노동생산성(이 두 가지 개념은 서로 관계가 있지만 똑같은 개념은 아니다)의 발전이 비교적 낮은 수준에 머물러 있는 한 불가피하다. 산업 자본주의가 성장했으므로 자본주의가 전복되기만 한다면 착취와 억압은 더는 불가피하지 않다. 풍요(상대적 풍요)에 바탕을 둔 무계급 사회가 이제 가능하다. 게다가 그러한 사회를 이룩할 주체 ― 산업 프롤레타리아 ― 가 자본주의 발전 자체에서 생겨났다.

물론 이러한 사상은 1914년 이전의 마르크스주의가 공통으로 지니고 있던 견해였다. 마르크스주의의 전통에 서 있는 혁명가들은 모두 그러한 생각을 당연한 것으로 여겼다. 그러나 러시아의 10월 혁명으로 등장한 사회는 자유로운 무계급 사회가 아니었다. 심지어 초기 단계에서조차 러시아 사회는 마르크스가 (≪프랑스 내전≫에서) 펴 밝힌 노동자 국가와 레닌이 (≪국가와 혁명≫에서) 발전시킨 마르크스의 견해에서 상당히 일탈해 버렸다. 나중에 러시아 사회는 극악무도한 독재로 변해 버렸다.

이러한 사실들의 중요성은 거듭 강조해야 할 것이다. 사회주의를 자처하지만 실상은 사회주의의 불쾌한 풍자만화일 뿐인 국가의 존재 ― 처음에는 한 국가[소련]였고 이제는 국가군群이 있다는 사실* ― 야말로 '서방 자본주의' 존속의 주된 요인 중 하나로 여겨야 한다.

우파 선전가들은 스탈린 체제나 그 변형◆◆이 자본가계급의 재산을 국가가 수용한 데서 비롯한 불가피한 결과라고 주장한다. 다른 한편으로, 사회민주주의 선전가들은 스탈린 체제가 '볼셰비키의 중앙집권제'가 낳은 불가피한 결과이며 스탈린이 '레닌의 적자嫡子'였다고 주장한다.

트로츠키는 러시아 혁명의 실제 결과인 스탈린 체제에 대해 최초로 역사유물론적 분석을 하고자 지속적으로 노력했다. 스탈린 체제에 대한 그의 분석에 어떠한 비판이 가해지든 간에 — 이 책에서도 일정한 비판이 가해질 것이지만 — 그의 분석은 마르크스주의 관점에서 이뤄진 이후의 모든 진지한 분석의 출발점이 됐다.

레닌이 아직 인민위원평의회 의장직을 맡고 있고 트로츠키가 전쟁 담당 인민위원직을 맡고 있던 1921년 당시 러시아의 사회 현실은 어떠했는가?

1921년 말 레닌은 신경제정책을 지지하는 연설에서 다음과 같이 주장했다.

> 자본주의가 신경제정책을 통해 이익을 얻게 되면, 산업 생산이 증대하고 프롤레타리아 수가 증가할 것입니다. 자본가들은 우리

◆ 이 책은 미 · 소 양대 초강대국 중심의 동서 냉전 상황인 1979년에 쓰였다.
◆◆ 마오쩌둥주의, 북한의 "우리식 사회주의", 쿠바의 카스트로 체제 등을 말한다.

의 정책에서 이익을 얻을 것이고 산업 프롤레타리아를 창출할 것입니다. 우리나라 산업 프롤레타리아는 전쟁과 절망적 빈곤과 파산 때문에 탈계급화해, 즉 자신의 계급적 원위치에서 밀려나 더는 프롤레타리아로서 존재하지 않습니다. 프롤레타리아는 대규모 자본주의 산업에서 물질적 가치의 생산에 종사하는 계급입니다. 대규모 자본주의 산업이 파괴됐기 때문에, 공장이 가동을 멈추었기 때문에 프롤레타리아는 사라져 버렸습니다. 프롤레타리아는 통계상의 수치로는 종종 나타나지만 경제적으로는 더는 뭉쳐 있지 않습니다.[1]

프롤레타리아는 "더는 프롤레타리아로서 존재하지 않는다!" 그렇다면 프롤레타리아 독재, 즉 지배계급으로서 프롤레타리아는 어떻게 되는가?

서구에 견주어 볼 때 가뜩이나 매우 취약했던 러시아 산업은 전쟁과 내전 때문에 완전히 파괴됐다. 10월 혁명부터 1918년 3월까지 — 이때는 독일과 "터무니없이 날강도 같은 조약"인 브레스트리토프스크 강화조약을 체결할 때였다 — 혁명 러시아는 독일 · 오스트리아-헝가리 제국과 계속 전쟁 상태였다. 그 다음 달에는 '연합국'의 개입 군대 가운데 일본군이 맨 먼저 블라디보스토크에 상륙해 시베리아로 진격해 들어오기 시작했다. 일본군은 1922년 11월에야 비로소 철수했다. 이 기간에 14개 외국(미국,

영국, 프랑스를 포함해) 군대가 혁명 공화국의 영토를 침공했다. 그들은 '백군' 장군들에게 무기를 제공하고, 보급품 등 물자와 병력을 공급했다. 침공이 절정에 달한 1919년 여름에 소비에트 공화국은 몇몇 외진 요새들을 아슬아슬하게 지키는, 모스크바를 중심으로 한 유럽지역 러시아 중부의 잔여 부스러기 국가로 축소됐다. 백군이 결정적 패배를 겪은 이듬해 여름에조차 소비에트 공화국에서 조달할 수 있는 전체 곡물 공급량의 4분의 1을 폴란드 침공군과 전투를 벌이고 있는 서부 전선의 군대에 공급해야 했다.

도시 인구가 감소하고 주민들은 굶주렸다. 페트로그라드 인구의 절반 이상과 모스크바 인구의 거의 절반이 농촌으로 빠져나갔다. 가동할 수 있는 산업은 거의 다 군수품 생산으로 돌려졌다. 이것은 산업 생산 기반의 일부를 계속 가동하기 위해 전체 생산 기반을 꾸준히 희생시키는 제 살 깎아 먹기*를 통해서만 가능했다. 애당초 매우 소수였던 러시아 프롤레타리아가 해체된 상황이었다.

이러한 사실들은 익히 잘 알려져 있고, 예를 들어 E H 카의 ≪볼셰비키 혁명≫ 제2권에 비교적 자세히 서술돼 있다.[2] 1921년경에 산업 총생산은 1913년 수치의 겨우 8분의 1가량이었는

---

* 고장 난 기계를 분해해 이용 가능한 부품을 사용하는 것을 말한다.

데, 1913년 수치 자체가 독일이나 영국이나 미국의 수준에 비춰 형편없이 낮았다.

러시아 혁명은 동원력 면에서 1793년의 자코뱅 독재를 훨씬 능가한 혁명적 독재가 기울인 막대한 노력을 통해서 살아남았다. 그러나 러시아 혁명은 경제 황폐화를 대가로 치르고 살아남았다. 그리고 혁명은 계속 고립됐다. 1921년쯤 유럽의 혁명 운동은 확연하게 퇴조기로 접어들었다.

여기에서 우리들의 관심을 끄는 것은 이러한 사실들이 낳은 사회적 결과들이다. 1918~1921년의 이른바 '전시공산주의'는 사실상 가장 잔인하고 사람들을 잔인하게 만드는 종류의 포위 경제였다. 본질적으로 전시공산주의는 생존경쟁에서 이기기 위해 농민한테서 곡물 강제 징발, 공장의 고장 난 기계를 분해해 이용 가능한 부품을 사용하기, 국민개병제 그리고 대규모 강압이 특징이었다.

혁명 전에는 농민이 생산한 곡물의 상당 부분이 지대, 이자 지급, 조세, 보상금 등의 형태로 (직접적이든 아니면 수출을 통해서든) 도시로, 다시 말해 지배계급들에게로 이전됐다. 제정 러시아는 주요한 곡물 수출국이었다. 이제 구질서의 파괴로 말미암아 그러한 연계는 끊어져 버렸다. 농민은 소비나 교환을 위해 생산했다. 그러나 공업이 붕괴했기 때문에 교환할 것이 전혀 없거나 거의 없었다. 그래서 강제 징발이 시행됐던 것이다.

러시아 혁명은 인구의 압도 다수가 농민인 나라에서 일어났음에도 혁명에서 이득을 얻은 농민 대중의 지지 — 보통은 수동적이지만 때때로 능동적인 지지— 덕분에 살아남았다. 내전이 끝날 때가 되자 농민은 얻을 것이 더는 없게 됐다. 1921년 크론시타트와 탐보프 반란은 농민과 남은 노동계급의 일부가 체제에 등을 돌리고 있음을 보여 줬다.

1921년에 도입된 신경제정책NEP은 이러한 사실을 인정해 첫째, 당시의 강제 징발 대신에 고정 현물세 — 전시공산주의에서 화폐는 가치가 없어졌기 때문에 세금이 곡물로 징수됐다 — 를 도입했다. 둘째, 신경제정책은 사적 거래와 사적 소생산의 부활을 허용했다(기간산업의 국유는 그대로 유지하면서). 셋째, 신경제정책은 외국 자본에 '조차지'의 문호를 개방했다(이것은 실패작으로 끝났다). 넷째, 이것이 가장 중요한 점인데, 신경제정책은 안정적 통화를 발행하고 공기업과 사기업에 모두 시장 규율을 강요하기 위해 대부분의 공기업에서 금본위제에 따른 엄격한 금융제도와 함께 수익성 원칙을 도입했다.

1921년에서 1928년 사이에 도입된 이러한 조처들은 실제로 경제를 부흥시키는 효과를 냈다. 경제는 처음에 서서히 회복됐고 이후에는 좀 더 빨리 회복돼 1926~1927년경에는 공업 생산이 1913년 수준에 도달했고, 몇몇 부문에서는 그것을 초과했다. 가처분 식료품(주로 곡물)의 생산은 좀 더 느리게 증가했다. 곡물 생산 자체는 증가했으나, 1913년과 달리 더는 착취당하지 않게 된 농민이 산출량 가운데 혁명 전보다 더 많은 양을 소비했기 때문에, 도시에서는 계속해서 식량 부족 상태를 겪었다.

자본주의적이거나 준準자본주의적인 조처들을 통해 이루어진 이러한 경제 회복은 그에 상응하는 사회적 결과들을 낳았다.

> 우리가 통치하는 도시들은 이질적 양상을 띠었다. 우리는 무기력과 타락의 수렁에 빠져들고 있는 기분이었다. 자본주의에서처럼 화폐가 윤활유 구실을 했다. 대도시에서는 150만 명의 실업자가 구호 — 충분하지 못한 구호 — 를 받았다. …… 여러 계급들이 바로 우리의 눈앞에서 다시 태어났다. 최하위에 있는 실업자층은 한 달에 24루블을 받았고 최상위에 있는 기술자(즉 기술 전문가)층은 한 달에 800루블을 받았다. 그리고 당 관료는 한 달에 222루블을 받았지만 여러 혜택들을 무료로 받았다. 소수의 번영과 다수의 곤궁 사이에 생겨난 불화의 틈이 점점 커지고 있었다.[3]

신경제정책의 결과로 노동계급은 1921년의 최저 수준에서 수적으로는 원상 회복됐지만, 정치적으로는, 즉 관료와 '네프맨'*

---

* 신경제정책의 수혜자인 소상인과 소기업인 계층을 말한다.

과 쿨락[부농]의 권력을 뒤흔들 수 있을 만한 규모로는 부흥하지 못했다. 1930년대의 영국보다 더 심각한 1920년대 러시아의 실업률이 주요한 요인이었다.

변질된 노동자 국가

노동계급의 해체는 러시아 공산당 내에서 이른바 "노동조합 논쟁"이 벌어졌던 1920년 말에 이르러 더욱 가속됐다.

표면적인 쟁점은 노동자들이 '그들 자신의' 국가에 대항해 자신들을 방어하려고 노동조합을 조직하는 것이 필요한가 그렇지 않은가 하는 것이었다. 더 깊은 차원에서 그 갈등은 훨씬 더 근본적인 문제들을 둘러싼 것이었다.

1918년의 노동자 국가는 여전히 존재하고 있었나? 소비에트 민주주의는 내전의 와중에 사실상 파괴됐다. 공산당은 노동계급 다수의 지지를 얻을 필요에서 스스로 '해방'됐다. 소비에트는 당의 결정을 결재하는 거수기가 돼 버렸다. 게다가 이와 동일한 이유들로 공산당 내의 '군대화'와 '상명하달식'의 진전 과정은 더욱 빨라졌다.

사태가 이런 식으로 흘러가는 것을 보고, 당내 한 분파인 '노동자 반대파'가 반기를 들었다. 그들은 생산에 대한 당 통제를 비난하고 '노동자 통제'(당의 초기 요구였다)의 전통에 호소하면서 노동조합의 '자율성'을 요구했다. 만일 이러한 조처들을 받아들였다면 그것은 볼셰비키 정권의 몰락을 뜻했을 것이다. 왜냐하면 남아 있는 노동계급의 대다수는 비록 반볼셰비키적이지는 않았으나 정치적으로 매우 무관심했기 때문이다. 또한, 인구의 압도 다수를 차지하고 있던 농민 대중도 그랬다. 이러한 조건들에서는 '민주주의'는 반혁명이나 우익 독재를 수반했을 것이다.

당은 사라져 가는 노동계급을 부득이하게 대신해야 했고, 당내 지도적 기구들은 수는 증가하고 있었지만 조화를 이루지 못하고 있는 당원들에게 점점 더 권위를 주장하게 됐다.(1918년 초에 러시아 공산당은 당원이 대략 11만 5000명이었고 1919년 초에는 31만 3000명, 1921년 여름에는 65만 명이었다. 당원들 중에서 노동자들의 비중은 갈수록 줄어들었고, 그나마 수동적인 상태에 있었다.)

당은 이것이 일시적인 상황이길 바라면서, 스스로 잘해 나아가지 못하게 된 노동계급의 후견인이 돼 버렸다. 그러나 당 자체도 산업의 쇠퇴, 낮은(그리고 계속 낮아지는) 노동생산성, 문화적 후진성, 미개함에서 비롯한 매우 강력한 사회적 압력에서 자유로울 수 없었다. 실제로, 당이 '후견인' 구실을 하기 위해서는 사태의 진로에 대해서 대다수 당원들이 실질적인 발언을 할 수 없게 만드는 것이 필요했다. 왜냐하면 당원들도 러시아의 후진성과 노동계급의 쇠퇴를 반영했기 때문이다.

이러한 진퇴유곡에 대해 트로츠키가 제시한 최초 해결책은 이러한 대리주의 과정을 단호하게 지속하는 것이었다.

> 당이 역사적으로 타고난 혁명적 권리를 우리가 자각할 필요가 있습니다. 당은 대중의 자생적 정서가 일시적으로 흔들리는 것에 아랑곳하지 않고, 심지어 노동계급이 일시적으로 우왕좌왕하는 것에 아랑곳하지 않고 부득불 자신의 독재를 유지해야 합니다. 우리가 이것을 자각하는 것은 우리의 단결을 위해 반드시 갖추어야 하는 요소입니다.[4]

이러한 태도 때문에 트로츠키는 노동조합이 국가기구에 흡수돼야 한다(이것은 뒷날 스탈린 치하에서 비록 형식상으로는 그렇지 않았지만 실제로는 실현됐다)고 주장했다. 심지어 상대적 자율성조차 필요하지도 정당하지도 않다는 것이다. 노조의 (상대적) 자율성은 당의 통제력 행사 수단은커녕 불만이 표출되는 초점 구실만을 할 것이기 때문이라는 것이다.

이러한 의견에 반대해 레닌이 1920년 12월과 1921년 1월에 개진한 주장들은 트로츠키가 뒷날 소련에 대한 분석을 발전시키는 데 중대한 영향을 끼쳤다. 레닌의 주장들은 나중에 트로츠키의 소련 분석에 바탕이 됐다.

트로츠키 동지는 '노동자 국가'에 대해 말합니다. 이것은 일종의 추상이라고 말할 수 있습니다. 우리가 1917년의 노동자 국가에 대해 쓰는 것은 자연스러운 일입니다. 그러나 '이 나라는 어떠한 부르주아지도 없는 노동자 국가이므로 노동계급이 누구에게서 보호받아야 하고 무엇을 위해 보호받아야 하는가?' 하고 묻는 것은 이제 명백한 오류입니다. 전체적인 요점을 말하자면 러시아는 온전한 노동자 국가가 아니라는 것입니다. 바로 이 점에서 트로츠키 동지는 그의 주된 오류들 가운데 하나를 범하고 있습니다.[5]

한 달 후에 레닌은 이렇게 썼다.

내가 지난번에 말해야 했으나 말하지 않았던 것은 다음과 같은 점입니다. '노동자 국가는 일종의 추상이다. 실제로 존재하고 있는 노동자 국가는 다음과 같은 특징들이 있다. 첫째로, 우리나라에서 우위를 점하고 있는 계급은 노동계급이 아니라 농민이라는 점이다. 둘째, 현존하는 노동자 국가는 관료적으로 변질된 노동자 국가라는 점이다.'[6]

농민이 우위를 점하고 있는, 관료적으로 변질된 노동자 국가가 소비에트 러시아의 본질이라는 것이다. 다음 단계, 즉 신경제 정책이 실시되는 단계에서 트로츠키는 이러한 견해를 받아들이고 그것의 내용을 심화시킨다. 트로츠키가 지도적 역할을 했던 좌익반대파(1923년)와 통합반대파(1926~1927년)의 운명을 여기에서 상술할 필요는 없다.[7] 여기에서는 단지 그들의 주요한 견해들 가운데 일부를 제시하는 것으로 충분할 것이다.

좌익반대파와 통합반대파는 당의 민주화, 당 기구에 대한 견제와 제약, 공업화 계획 프로그램 등을 요구했다. 특히 공업화 계획 프로그램은 쿨락과 네프맨을 압박함으로써 재정을 조달해 실업과 투쟁하고, 노동계급을 경제적·정치적으로 부흥시키고 그리하여 소비에트 민주주의의 토대를 재창출하기 위함이었다.

반대파 강령은 다음과 같이 선언했다.

> 러시아 프롤레타리아의 물질적 지위는 절대적으로도 상대적으로도 강화돼야 한다(취업 노동자 수의 증가, 실업자 수의 감소, 노동계급의 물질 수준 향상). …… 공업뿐 아니라 운송, 전기, 건설이 국민과 공공 경제와 사회 체제 전체의 수요와 필요에 만성적으로 뒤떨어지는 현상은 우리 나라의 전체 경제 재편을 악습처럼 지체시키고 있다.[8]

이러한 주장은 다음과 같은 내적 모순을 갖고 있었다. 한편으로, 당이 민주화되면 농민과 프롤레타리아는 불만을 조직적으로 표출할 수 있는 것이다. 다른 한편으로, 신흥 부유층(특히 부농)에 국가의 압력을 증대시키면 전시공산주의 시기의 일부 극단적인 긴장이 재연될 것이다. 당시 그런 긴장 때문에 당은 당 외부의 합법적 반대를 모두 탄압해야 했고 그 다음에는 당내 반대를 제거해 당 기구의 독재를 수립하는 지경에까지 이르렀다.

결국 이 문제는 검증되지 않았다.◆

"악습처럼 지체되고 있는" 것은 단지 경제만이 아니었다. 반대파의 경우도 마찬가지였다. 그들의 강령은 신경제정책의 주요 수혜자인 세 계급(관료, 네프맨, 쿨락) 모두의 물질적 이익에 도전하는 것이었다. 반대파가 승리하려면 그들의 유일한 지지 기반이 될 수 있는 노동계급의 활동이 부활해야 했다. 그러나 혁명이 고립돼 있는 동안은 신경제정책이 낳은 사회적 · 경제적 조건들 때문에 그것이 대단히 어려웠다.

실제로 러시아를 지배하는 보수화한 국가 · 당 관료층의 우두머리이자 대변자인 스탈린은 계획적 공업화 요구와 당 민주화 요구를 **모두** 강력하게 반대했다(그의 당내 우파 동맹들, 특히 부하린과 그 지지자들도 마찬가지였다).

이것이 통치 집단이 1925년부터 주창한 '일국사회주의'론의 사회적 내용이었다. 일국사회주의론은 온갖 '격변'에 반대해, 혁

◆ 좌익반대파가 스탈린에게 숙청당해 그 강령이 실행되지 못했기 때문이다.

명에 대한 기대와 능동적인 대외정책에 반대해 현상 유지를 옹호하는 선언이었다.

1924년 4월까지만 해도 스탈린 자신이 여전히 그때까지 공인되던 견해를 다음과 같이 요약했다.

> 부르주아지를 타도하기 위해서는 일국의 노력만으로도 충분하다. 우리나라 혁명의 승리가 이를 입증한다. 사회주의의 최종 승리를 위해서는, 사회주의적 생산의 조직을 위해서는, 일국 — 특히 우리나라 같은 농민 국가 — 의 노력으로는 충분하지 않다. 사회주의의 최종 승리를 위해서는 몇몇 선진국 프롤레타리아의 노력이 필요하다.[9]

이것은 레닌의 말을 되풀이한 것이었을 뿐이고, 또 러시아의 사회·경제 현실을 말한 것이었을 뿐이다. 그러나 갖가지 경향의 러시아 마르크스주의자들이 가진 공통된 자산이던 이 정설적 견해는 혁명적 정권의 임시적 성격을 강조하고, 그 정권의 사회주의적 발전이 서구 혁명들에 달려 있다는 점을 강조한다는 불리한 점을 지니고 있었다. 이러한 견해는 이제 지배 계층이 도저히 받아들일 수 없는 것이었다. '일국사회주의'는 노동자 운동으로부터 지배계층의 독립 선언이었다.

러시아에서 추방당한 트로츠키는 반대파의 최종 패배 이후

1929년 2월에 쓴 글에서 그 동안의 경험을 다음과 같이 요약했다.

> 권력 장악 이후, 독자적 관료 집단이 나머지 노동계급에서 분화했는데, 이 분화는 …… 처음에는 단지 기능적인 것이었지만 나중에는 사회적인 것이 돼 버렸다. 물론 관료 집단 내부에서 일어난 과정은 러시아에서 진행중인 심대한 과정과 서로 연관을 맺으면서 전개됐다. 신경제정책에 따라 광범한 도시 프티부르주아지가 다시 등장하거나 새로 탄생했다. 자유 전문직이 부활했다. 농촌에서는 부농인 쿨락이 성장했다. 광범한 관료층은 대중 위에 군림하고 있었으므로 부르주아적 계층들과 친밀해지고 그들과 긴밀한 가족 관계를 맺었다. 대중의 발의와 비판은 점차 참견으로 여겨졌다. …… 대중 위에 군림하는 이 관료층은 대체로 매우 보수적이다. …… 반대파에 맞선 스탈린의 투쟁에서 그의 가장 강력한 지지 기반을 이루는 이 보수적인 계층은 스탈린 자신이나 스탈린 분파의 핵심 인자들보다 훨씬 더 오른쪽으로, 신흥 유산자 계층 쪽으로 기울어 있다.[10]

트로츠키는 이러한 분석에서 "소비에트 테르미도르" 반동의 위험이라는 정치적 결론을 끌어냈다. 테르미도르 월月 9일* 국

* 프랑스 대혁명의 고유한 역법으로, 일상 달력으로는 1794년 7월 27일이다.

민의회에게 자코뱅 독재가 무너지고 그 대신에 들어선 우파 정권(1795년 이후의 통령정부)은 프랑스 정치와 사회의 반동을 주도하고 보나파르트 독재(1799년 이후)가 등장할 수 있는 길을 닦아 놓았다. 테르미도르는 프랑스 대혁명의 종말을 나타내는 것이었다. 트로츠키가 보기에 이제 러시아 판 테르미도르가 일어날 위험이 있다는 것이다.

> 상황이 테르미도르 반동으로 발전할 것 같게 만드는 — 물론 완전히 독특한 성격의 것이지만 — 기본적 요인들을 소비에트 국가에서도 발견할 수 있다. 이러한 요인들은 최근 몇 년 사이에 눈에 띄게 두드러졌다. 오늘날 권력을 장악한 자들은 혁명 초기의 결정적 사건들에서 부차적인 구실을 했거나 아니면 아예 혁명에 분명히 반대하다가 혁명이 승리한 후에야 비로소 혁명에 동참했던 자들이다. 그들은 이제 대부분의 경우에, 사회주의에 적대적이면서도 반혁명적 체제 전복을 기도하기에는 너무나 허약하기 때문에 부르주아 사회로 백팔십도 전환하기 위한 평화적인 테르미도르 반동을 추구하는 계층들과 집단들의 보호자 구실을 하고 있다. 그들의 이데올로그 가운데 하나가 말했듯이 그들은 "브레이크를 건 채로 내리막길을 굴러 내려가는 방법"을 찾고 있다.[11]

그러나 이러한 일은 아직 일어나지 않았다. 그리고 그런 일이 불가피한 것도 아니었다. 노동자 국가는 비록 부식되기는 했어도 여전히 버티고 있었다. 그리하여 트로츠키는 다음과 같이 보았다.

> 결과는 생동하는 사회 세력들이 최후까지 투쟁하는 과정 속에서 투쟁 진로에 따라 판가름 날 것이다. 투쟁이 고조되는 시기와 퇴조하는 시기가 있을 것이다. 각 시기의 지속 여부는 유럽과 세계 도처의 상황에 크게 달려 있다.[12]

트로츠키의 분석을 요약하면, 소련에는 세 개의 기본 세력이 활동하고 있다는 것이다. 첫 번째 세력은 '현재 권력을 장악한' 기구의 대부분이 주로 엄폐해 주고 있는 신자본가 · 쿨락 · 네프맨 등 우파 세력이다. 두 번째 세력은 이제 탄압을 받고 있는 좌익반대파가 정치적으로 대표하는 노동계급이다. 세 번째 세력은 관료 기구의 최고 지위에 있는 스탈린 분파로 그 자체는 테르미도르 반동을 추구하지 않고 있지만 권력을 유지하려고 테르미도르 반동을 추구하는 자들에 의존하면서 좌우로 동요하기를 거듭하는 '중간파 관료 집단'이다.

스탈린 분파는 1923~1928년까지는 우파 쪽으로 기울었고 그 후에는 좌파 쪽으로 기울었다. 1931년 트로츠키는 다음과 같이 썼다.

불가피하게 갈팡질팡하거나 퇴보하는 것을 다시 논외로 제쳐 놓는다면, 1928~1931년의 진로는 관료 집단이 자기 정책의 기초 원칙이나 가장 중요하게는 자신의 막강한 권력을 포기하지 않은 채 프롤레타리아에게 적응하려는 시도를 나타내는 것이다. 스탈린주의의 거듭된 지그재그는 관료 집단이 하나의 계급, 독자적인 역사적 요인이 아니라 계급들의 도구이자 집행기관이라는 것을 보여 준다. 좌파적 지그재그는 스탈린주의가 이전에 우파적 진로로 매우 멀리 나아갔을지라도 프롤레타리아 독재라는 토대 위에서 발전했다는 증거다.[13]

따라서 소련 노동계급은 어떤 의미에서는 여전히 권력을 장악하고 있다는 것이다. 또는 적어도 근본적 변혁 없이도 권력을 되찾을 가능성이 있다는 것이다.

현재의 소비에트 국가를 노동자 국가로 인정하는 것은, 부르주아지가 무장봉기를 통해서만 권력을 장악할 수 있음을 뜻하는 것일 뿐 아니라 소련 프롤레타리아가 관료 집단을 자신들에게 종속시키고, 당을 다시 소생시키고 [프롤레타리아] 독재 체제를 재생시킬 가능성 — 새로운 혁명 없이, 개혁의 방식과 과정을 통해 — 을 상실하지 않았음을 뜻하는 것이기도 하다.[14]

이 글은 아무런 사실적 근거도 없었다. '세 세력'을 중심으로 한 분석은 흐름에 뒤처진 것이어서 실효성이 없었다. 만일 이 글이 1920년대에 쓰였다면 소련 상황의 전개 과정을 마르크스주의적으로 분석하고자 한 현실적(비록 일시적인 것이었을망정) 시도였을 것이다.

신자본주의적 계급들과 이들이 집권당 내 우파에 미치는 영향력은 1924~1927년에는 실질적이었다. 당시에는 집권 스탈린 분파의 갈지자之字형 행보도 앞서 묘사한 바대로였다. 그러나 1928~ 1929년에는 근본적인 변화가 일어났다.

1928년쯤 신경제정책은 최종적 위기를 맞이하고 있었다. 네프맨과 쿨락에게는 정부가 신경제정책을 지속하고 도시와 농촌에서 소자본주의에 더 많이 양보하는 것이 매우 중요했다. 관료 집단의 지도적 인물들과 관료제의 하급 서열에 있는 수많은 관리들에게는 그런 일이 그토록 중요하지는 않았다. 그들에게 가장 중요한 일은 당과 국가의 민주화에 저항하는 것이었다. 그들은 반대파에 대항해, 노동계급이 소생할 위험에 대항해 소자본주의 세력들(그리고 당내 우파인 부하린파)과 동맹을 맺고 있었다.

그러나 관료 집단이 반대파를 분쇄하고 쿨락의 공세인 1927~1928년의 '곡물 파업'에 직면했을 때, 관료 집단의 본질적인 토대는 신경제정책과 전혀 유기적 연관이 없는 국유재산과 국가기관임이 드러났다. 관료 집단은 이전의 지지자들에 맞서 자신의 이익을 열렬히 방어했다.

쿨락은 팔릴 만한 곡물, 즉 농민이 소비하고 남은 잉여를 거의 다 지배했다(가장 일반적으로 인정되는 통계에 따르면 농민의 5분의 1이 시장에서 판매되는 곡물의 5분의 4를 생산했다). 쿨락이 곡물 보유량을 시장에 내다 파는 것을 유보해 곡물 가격을 올리려 하자 관료는 징발 조치를 실행할 수밖에 없었다. 신경제정책의 기본 토대를 약화시킨 이러한 진로를 일단 채택한 이상 관료들은 부득이하게 반대파의 산업화 계획을 인수해야 했고, 그것도 터무니없이 과장된 형태로 그렇게 했다. 또한 관료는 농업의 강제 집산화, 즉 "하나의 계급으로서 쿨락의 해체"에 착수해야 했다. 1차 "5개년 계획"이 실시된 것이다.

트로츠키는 이것을 스탈린파 관료가 "프롤레타리아에 적응하고자 한" 좌편향(일시적인)이라고 해석했다. 이는 대단히 큰 오판이었다. 당시의 소련 프롤레타리아는 처음으로 원자화되고, 전체주의 독재 체제에 예속됐다. 실질임금은 급격하게 하락했다. 명목임금이 상당히 상승했지만, 물가는 더욱 빨리 뛰었다. 일반적으로 말해, 1929년 이후 믿을 만한 통계는 발표되지 않았지만(이것은 그 자체로도 중요한 사실이다), 그러한 일이 있고 나서 시간이 한참 흐른 뒤(1966년) 소련에서 발표된 한 통계자료는 1932년의 실질임금이 (1928년을 100으로 했을 때) 88.6임을 보여 주었다. 이 정보의 입수자 알렉 노브는 "우리가 알 수만 있다면 진정한 실질

임금 지수는 …… 88.6보다 한참 아래일 것"이라고 말한다.[15]

1차 5개년 계획으로 전반적 계획에 따른 경제 지휘, 산업의 급성장, 농업의 강제 집산화, 노동계급에게 남아 있던 정치적 권리들과 노동조합 권리들의 폐지, 사회적 불평등의 급속한 심화, 극도의 사회적 긴장, 그리고 대대적인 강제 노동의 시기가 시작됐다. 또한 1차 5개년 계획과 함께, 스탈린의 일인 독재와 경찰 공포 통치, 조금 나중에는 총살이나 강제 노동 수용소에서 천천히 죽이는 방법으로 초창기 공산당 간부들 대다수와 심지어 1920년대에 스탈린 자신의 분파에 가담했던 사람들 대다수, 매우 많은 불특정 다수의 소련 시민들과 수많은 해외 공산주의자들을 살해하는 일이 시작됐다. 간단히 말해서, 1차 5개년 계획은 밀물과도 같은 스탈린주의의 도래를 알리는 것이었다.

트로츠키가 처음에 이 모든 일을 좌선회로 보았다는 사실은 (그는 몇 년 뒤에야 비로소 온전한 사실을 알게 된다) 그가 소련에 관한 한 대리주의에 빠졌음을 보여 주는 것이다. 이것은 그가 완전히 바로잡을 수 없었던 잘못이었다. 관료가 하나의 독자적인 역사적 요인이 아니라 다른 계급들의 도구요 집행기관이라는 주장은, 바로 그 똑같은 관료들이 쿨락을 분쇄하고 노동자들을 원자화했을 때 결정적으로 반박됐던 것이다.

1930년대 초만 해도 여전히 그러한 사실들을 두고 논쟁이 분분했다. 그나마 신생 전체주의 체제는 진정한 사실 보도 금지 조치를 부과하고 대신에 자신의 획일적인 선전 도구를 만들었다. 트로츠키는 이러한 조치에 가장 덜 속았다. 트로츠키가 소련이 '개혁'될 수 있다는 전망을 당시에 옹호한 것은 그의 이론적 개념과 틀 때문이었다. 소련을 관료화한 노동조합에 빗대는 크게 잘못된 유명한 유추는 이 시기에서 비롯했다. 개혁 전략을 고수하는 한 그것은 적어도 논리적으로는 일관된 것이었다.

노동자 국가, 테르미도르 반동, 보나파르트 체제

1933년 10월 트로츠키는 소련 체제의 개혁은 불가능하다고 주장하면서 돌연 태도를 바꾸었다. 체제는 전복돼야 하며 '개혁'의 길은 더는 실현될 수 없다는 것이었다. 혁명만이 관료를 패퇴시킬 수 있다는 것이다.

> 과거 몇 년 동안의 경험에도 불구하고 스탈린파 관료가 당 대회나 소비에트 대회를 통해 제거될 수 있다고 생각하는 것은 미숙하기 짝이 없는 생각이다. 사실 1923년 초에 열린 12차 당대회가 볼셰비키의 마지막 당대회였다. 이후의 당대회는 모두 관료의 과시였다. 오늘날에는 심지어 그런 당대회마저도 폐기돼 버렸다. 지배 파벌을 제거하기 위한 정상적인 '입헌적' 방법은 남아

> 있지 않다. 강제력을 써야만 관료는 어쩔 수 없이 프롤레타리아 전위에게 권력을 내줄 것이다.[16]

> '관료화한 노동조합'은 개혁하는 것이 아니라 분쇄해야 한다

는 것이다. 물론 이 글은 다음과 같은 주장을 담고 있었다. "오늘날 소련에서 관료적 균형 상태의 파열은 반혁명 세력에 유리한 구실을 할 것이 거의 확실하다." 그러나 이러한 애매한 입장은 곧 혁명적 입장으로 바뀌었다.

트로츠키는 자신의 초기 '개혁주의' 시각을 특유의 정직함을 갖고 계속 비판하고 수정했다. 그리하여 1935년 저작에서는 다음과 같이 썼다.

> '테르미도르 반동' 문제는 소련 좌익반대파의 역사와 밀접한 관계가 있다. …… 어쨌든 이 쟁점에 관한 1926년의 입장은 대략 이렇다. '민주적 중앙집권제' 그룹(V M 스미르노프, 사프로노프 그리고 망명 중에 스탈린한테 살해당한 사람들)은 "테르미도르 반동은 기정 사실이다" 하고 선언했다. 좌익반대파 강령의 지지자들은 …… 이러한 주장을 단호하게 거부했다. …… 누구의 주장이 옳은 것으로 드러났는가? ……
>
> 고故 V M 스미르노프 — 구볼셰비키 그룹의 가장 훌륭한 대표자의 한 명 — 는 산업화의 지체, 쿨락과 네프맨(신부르주아지)

의 성장, 관료와 네프맨의 결탁, 그리고 마지막으로 당의 변질은 새로운 혁명이 없이는 사회주의를 향한 길로 돌아가는 것이 불가능한 정도로까지 진척됐다고 주장했다. 프롤레타리아는 이미 권력을 잃어버렸다는 것이다. …… 10월 혁명의 기본적 성취는 제거됐다는 것이다.[17]

그리고 트로츠키는 다음과 같은 결론을 내렸다.

위대한 러시아 혁명의 테르미도르 반동은 현재의 일이 아니라 훨씬 과거의 일이다. 테르미도르 반동분자들은 어림잡아 10주년 기념 축하식을 할 수 있다[다시 말해 테르미도르 반동은 1925년경에 일어났다 — 핼러스].[18]

그렇다면 1926년에 '민주적 중앙집권제' 그룹이 옳았는가? 이에 대해 트로츠키는 옳은 면도 있었고 틀린 면도 있었다고 말한다. 테르미도르 반동을 인지했다는 점에서 옳았지만 그 의미는 옳게 파악하지 못했다는 것이다. "소련의 현 정치체제는 형태상으로는 프랑스 집정관 체제보다는 제정에 더 가까운 '소비에트'(또는 반反소비에트) 보나파르트 체제다." 그러나 트로츠키는 "그 사회적 토대와 경제적 경향들로 볼 때 소련은 여전히 노동자 국가다"[19] 하고 말을 이어 나갔다.

형태적 유추라는 점에서 보면 트로츠키의 이 모든 주장은 타당한 것이었다. 트로츠키가 지적한 대로 테르미도르 반동분자들과 보나파르트는 모두 앙시앵 레짐[구체제]으로 회귀하는 것이 아니라 부르주아 혁명을 바탕으로 한 반동을 대표하는 것이었다. 그러나 전에 스미르노프와 트로츠키는 "소비에트 테르미도르 반동"을 서로 근본적으로 다른 관점에서 파악했다. '프롤레타리아는 이미 권력을 상실했다'는 것이 스미르노프 테제의 핵심이었던 반면 트로츠키는 이를 당시에 강하게 부정했던 것이다. 트로츠키는 당이 비록 관료화했어도 여전히 노동계급을 대표한다고 보았다. 부르주아지와 달리 노동계급은 자신의 조직들을 통해서만 권력을 유지할 수 있[는데, 여전히 노동계급을 대표하는 정당이 있으니 노동계급은 권력을 유지하고 있는 것이]다.

트로츠키는 1924년에 다음과 같이 선언했다.

> 동지들! 우리들 가운데 당에 반대해 올바른 견해를 가지길 바란다거나 가질 수 있는 사람은 아무도 없습니다. 따지고 보면 당은 언제나 올바릅니다. 왜냐하면 오직 당만이 노동계급이 자신의 근본적 과제들을 해결하기 위해 갖고 있는 역사적 도구이기 때문입니다. …… 당과 함께하고 당을 통할 때만 올바를 수 있습니다. 왜냐하면 역사는 올바름을 실현할 수 있는 다른 어떠한 방법도 만들어 내지 못했기 때문입니다. …… 영국 속담에 "옳

건 그르건 우리나라"라는 속담이 있습니다. 훨씬 더 정당한 근거로 우리는 옳건 그르건 — 특정 쟁점들에 대해 또는 특정 시점에서 그릇된 입장을 취할지라도 — 우리의 당이라고 말할 수 있습니다.[20]

그러나 1933년 말, 트로츠키는 당 — 러시아의 당 — 은 먼저 테르미도르 반동의 도구가 돼 버렸고 이제는 보나파르트 체제의 도구가 돼 버렸다는 견해를 갖게 됐다. 당은 이제 더는 노동계급의 도구가 아니게 돼 — 그 체제를 '강제력으로' 타도해야 하는 — 버렸으므로, 그리고 트로츠키가 시인한 대로 러시아 노동자들은 다른 도구가 현재 없으므로 사실상 원자화돼 있고 공포에 떨고 있었다. 노동자 국가의 잔재라고 할 수 있는 게 뭐가 남아 있을 수 있을까?

아무것도 남아 있을 수 없다. 만약 이러한 용어들이 당시까지 모든 사람이 당연시하던 의미를 여전히 지니고 있으려면 가능한 결론은 이것밖에 없었다. 소련 노동계급이 권력을 되찾으려면 새로운 혁명, '혁명적 봉기의 승리'가 필요했다. 노동계급은 이미 권력을 잃었고, 권력을 다시 장악하기 위한 평화적·입헌적 방법은 전혀 없었다. 따라서 노동자 국가는 더는 존재하지 않았다. 반혁명이 일어났던 것이다.

트로츠키는 이러한 결론들을 확고하게 거부했다. 그래서 그는 노동자 국가에 대한 자신의 정의를 다음과 같이 근본적으로 수정해야 했다.

> 한 계급의 사회적 지배(그 계급의 독재)는 매우 다양한 정치적 형태를 취할 수 있다. 중세로부터 현재에 이르는 부르주아지의 역사 전체가 이를 증명한다. 소련의 경험은 이러한 사회학적 법칙이 — 물론 필요한 수정을 거쳐 — 프롤레타리아 독재에도 적용됨을 충분히 보여 준다. 그래서 오늘날 스탈린의 지배는 혁명 초기의 소비에트 지배와 결코 유사하지 않은 것이다. …… 그러나 [스탈린의] 이 권력 찬탈은 오직 프롤레타리아 혁명으로 창출된 생산관계가 관료 독재의 사회적 내용을 규정하기 때문에 가능했다. 이러한 의미에서, 프롤레타리아 독재가 관료 독재라는 왜곡됐지만 명백한 형태로 나타났다고 말한다면 완전히 맞는 말이다.[21]

트로츠키는 생애 마지막 5년 동안 본질적으로 이러한 견해를 고수했다. 그의 ≪배반당한 혁명≫(1937년)은 풍부한 세부사항들과 생생한 실례를 통해 이런 견해를 상세히 설명한 것이다.

그가 자신의 이전 견해와 결별했다는 사실의 근본적 성격은 거듭 강조해야 마땅하다. 우선, 노동자 국가가 관료적으로 왜곡·변형·퇴보·변질 등등을 겪을 수 있다는 것(레닌이 주장한 대로)이 한 가지 주장이다. 이제 트로츠키가 명확히 하고 있는 것은 프롤레타리아 독재가 실제의 노동자 권력과도 아무런 필연적 연관이 없다는 것이다. 이제 프롤레타리아 독재는 다른 무엇보다도 산업의 국유화와 경제 계획(신경제정책하에서는 계획이라고 할 만한 것이 존재하지 않았지만)을 뜻하는 것이 됐다. 노동계급이 원자화되고 전체주의 독재에 예속됐어도 프롤레타리아 독재는 존속할 수 있다는 것이다.

트로츠키를 변호하는 뜻에서 그가 완전히 새로운 현상을 다루고 있었다는 점을 지적할 필요가 있다. 1920년대의 모든 반대파 회원들과 마찬가지로, 트로츠키도 소자본주의 세력의 성장이 가하는 압력으로 정권이 붕괴될 위험이 있다고 보았다. 바로 이것이 테르미도르 반동이 그들 모두에게 뜻했던 바였다. [그러나] 실제 결과는 예상과는 전혀 딴판이었다. 국유화는 훼손되지 않고 남아 있었을 뿐 아니라 급속히 확대됐다. 관료는 실제로 독자적인 구실을 했다. 그런데 이것은 트로츠키가 결코 완전히 시인하지 않으려 했던 점이다. 이러한 결과로 당시에 등장한 체제는 유례없는 것이었다.

부르주아지는 부활하지 않았다. 게다가 서구에서 경제 대불황이 엄습한 시기에 소련에서는 급속한 경제성장이 이뤄졌다. 그런데 트로츠키는 이 점을 소련 체제가 자본주의가 아니라는 자신의 주장을 뒷받침하기 위해 거듭 강조했다.

전망

트로츠키는 1938년의 "과도 강령"["이행기 강령"]에서 다음과 같이 썼다.

> 소련은 10월 혁명을 통해 노동자 국가로 등장했다. 사회주의적 발전에 필요한 전제조건인 생산수단의 국유화가 생산력의 급속한 발전 가능성을 열어 놓았다. 그러나 동시에 노동자 국가의 기구는 변질됐다. 국가기구는 노동계급의 무기에서 노동계급에 대한 관료 폭력의 무기로 변했고, 점차 소련 경제를 파괴하는 무기로 변했다. 후진적이고 고립된 노동자 국가의 관료화와 관료 집단이 전능한 특권 신분(카스트)으로 변한 것은 일국사회주의론을 가장 설득력 있게 반박해 주는 — 이론으로뿐 아니라 이번에는 실천으로도 — 것이다.
>
> 그리하여 소련은 엄청난 모순들을 구체화했다. 그러나 소련은 여전히 **변질된 노동자 국가**였다. 이것이 사회적 진단이다. 정치적 전망으로 말하자면 다음 두 가지 중 하나라고 할 수 있다. 갈수록 세계 부르주아지의 노동자 국가 내 도구가 돼 가는 관료가 새로운 소유 형태를 전복하고 나라를 자본주의로 되돌려 놓든지 아니면 노동계급이 관료를 타도하고 사회주의로 가는 길을 열 것인지 할 것이다.[22]

왜 그렇게 된다는 것일까? 트로츠키는 관료가 매우 불안정하고 정치적으로 이질적이라고 확신했다. 1938년에 그는 관료 내부에 "진정한 볼셰비즘에서 완전한 파시즘에 이르기까지" 온갖 경향이 존재한다고 주장했다. 이 경향들은 각각 특정 사회세력과 연계돼 있다. 가령

> 의식적인 자본주의적 경향들은 사회 일반의 빈곤을 대가로 개인의 부를 축적하는 프티부르주아 경향의 광범한 토대가 돼 있고 …… 관료 집단이 의식적으로 고무하는 집단농장들 가운데 주로 부유한 농장들과 연계돼 있다.[23]

> 관료 내부의

> 반혁명적 파시스트적 인자들은 세력이 꾸준히 증대하고 있고 갈수록 일관되게 세계 제국주의의 이해관계를 표현하고 있다. 매판이 될 가능성이 농후한 이 자들은 새 지배층이 '서구 문명', 즉 자본주의에 동화한답시고 국유화와 집산화와 대외무역 독점을 부정함으로써만 특권적 지위를 보장할 수 있음을 당연히 고려하고 있다. 갈수록 사회의 균형을 침해하는 적대 관계가 계속 증가하는 이러한 체제의 정상에는 오늘날 주로 스탈린의 보나파르트적 패거리로 정리된 테르미도르 반동적 과두 집단이 공포정치를

통해 버텨 나아가고 있다. 구볼셰비키 세대의 절멸과 청·장년 세대의 혁명적 대변자들의 절멸로 관료 집단의 부르주아적 우파와 전국에 존재하는 그들의 지지자들에게 훨씬 더 유리한 쪽으로 정치적 균형이 기울었다. 그들, 즉 관료 집단의 우파는 다음 시기에 소련의 사회주의적 성격을 변경하고 소련을 '서구 문명'의 파시스트 형태에 가까워지게 하기 위해 어느 때보다 더 단호한 노력을 할 것이라고 우리는 예측할 수 있다.[24]

민중전선이 여전히 절정에 있던 이 시기에 트로츠키가 파시스트 체제와 스탈린 체제의 유사성에 관심을 기울였다는 것은 흥미로운 사실이다. 그는 ≪배반당한 혁명≫에서 이렇게 말했다. "사회적 기반이 커다란 차이가 있지만, 스탈린 체제와 파시스트 체제는 대칭적인 현상이다. 많은 특징들이 그들 사이의 치명적인 유사성을 보여 준다."[25] 그리고 "파시스트 나라들에서처럼 스탈린의 정치기구는 더 제약 없고 미개하다는 점 말고는 …… 별로 다르지 않다"고도 썼다.[26] 그것들이 지니고 있는 공통점, 즉 모든 독립적 노동자 조직의 파괴라는 점은 매우 주목할 만한 것이다. 그러나 "사회적 기반이 크게 달랐다"면, 파시즘적 노동자 국가가 생겨났다는 말인가?

그러나 가장 중요한 질문은 관료의 '[자본주의를] 복구하려는' 경향에 관한 것이다. 이 시기의 트로츠키 저작에는 상속권에 관한 주장을 제외하고는 실질적 내용을 갖춘 주장이 없다.

> 여러 특권은 자녀에게 상속될 수 없다면 가치가 반감된다. 그러나 유언권은 재산권과 분리될 수 없다. 기업체의 임원이 되는 것으로는 충분치 않다. 주주가 돼야 한다.[27]

트로츠키는 관료가 소련에 대한 자신들의 지배력을 포기하고 이러저러한 제국주의 열강의 부차적 동업자(매판)가 되는 것을 선택하도록 몰아가는 압력을 이런 식으로 논증했던 것이다.

트로츠키의 견해로는, 소련은 여전히 "자본주의와 사회주의의 중간에 있는 모순된 사회다 .…… 따지고 보면, 문제[사회주의로 전진할 것인가 아니면 자본주의로 후퇴할 것인가]는 일국과 세계의 무대에서 살아 움직이는 사회 세력들의 투쟁이 결정할 것이다."[28]

사실, 그 투쟁은 이미 전개되고 있었다. 이로 말미암아 트로츠키의 분석은 압박을 받아 그의 생애 말기에는 그 한계가 드러나는 지경에 이르게 된다.

3장

전략과 전술

국제 노동자 운동이라는 이상은 "만국의 노동자여 단결하라"는 호소로 끝나는 ≪공산당 선언≫만큼이나 오래된 것이다. 1864년(제1인터내셔널)과 다시 1889년(제2인터내셔널)에 국제 노동자 운동을 조직화하려는 노력들이 있었다. 제2인터내셔널은 교전국들에 존재하는 인터내셔널 소속 대중정당들이 국제주의와 결별하고 각각 독일과 오스트리아 황제들, 영국 국왕 그리고 프랑스의 부르주아 제3공화정을 지지함에 따라 1914년에 붕괴했다.

그 당들이 불시에 전쟁에 휘말려 놀라서 그랬던 것은 아니다. 전쟁이 개시되기 전에 열린 제2인터내셔널 대회들은 제국주의와 군국주의의 위협, 점증하는 전쟁 위협 그리고 각국 노동자 정당들이 자국 정부에 단호하게 반대하는 태도를 취할 필요, 나아가 1907년 제2인터내셔널 슈투트가르트 대회에서 결의한 바와 같이

"전쟁이 야기한 위기를 이용해 자본가계급 지배의 몰락을 촉진할" 필요에 대해 거듭 주의를 환기시켰다.

1914년에 그들이 보여 준 투항은 너무나 충격적인 사회주의 운동의 패배였다. 그리하여 레닌은 "제2인터내셔널은 죽었다. …… 제3인터내셔널 만세!" 하고 선언했다. 5년 뒤인 1919년 제3인터내셔널이 실제로 창립됐다. 트로츠키는 초기 제3인터내셔널에서 중요한 구실을 했다.

나중에 소련에서 스탈린주의가 등장하면서 인터내셔널은 소련 스탈린주의 국가의 이익에 봉사하는 도구로 변했다. 트로츠키는 어느 누구보다 분연히 제3인터내셔널의 이러한 퇴보에 맞서 싸웠다. 혁명적 노동자 당의 전략과 전술에 관한 그의 가장 귀중한 저작들 가운데 많은 것이 태동기와 이후 쇠퇴기의 제3인터내셔널, 즉 코민테른과 관련된 것이다.

> 한물간 공식 사회당들의 미온적 태도, 거짓말, 부패를 일소하고 제3인터내셔널로 결속한 우리 공산주의자들은 우리 자신을 바뵈프에서 카를 리프크네히트와 로자 룩셈부르크로 이어지는 유구한 혁명 세대의 영웅적 노력과 순교의 직접적 계승자로 여긴다.
>
> 제1인터내셔널이 미래의 발전 방향을 예시하고 나아갈 길을 가리켰다면, 그리고 제2인터내셔널이 수백만 명의 노동자들을 모으고 조직했다면, 제3인터내셔널은 공공연한 대중행동의 인터

내셔널, 혁명 현실화의 인터내셔널, 행동의 인터내셔널이다.[1]

위의 인용문이 들어 있는 "공산주의 인터내셔널 선언"을 썼을 당시 트로츠키는 40세였고 권력의 정점에 있었다. 외적들이 개입하는 내전에 휘말린 소비에트 공화국의 전쟁 담당 인민위원으로서 그는 레닌 다음가는 세계 공산주의 운동의 대변자로 인정받고 있었다.

이 시기의 그의 견해는 볼셰비키 일반의 견해와 특별히 다르지 않았다. 특정 쟁점들을 놓고 날카로운 견해 차이는 있었지만 본질적으로는 동질적인 견해를 지니고 있었다. 그러나 얼마 지나지 않아서 트로츠키는 영웅적이던 시기의 제3인터내셔널 사상의 탁월한 옹호자가 됐다. 1919년의 혁명 지도자들 가운데 어느 누구도 — 또는 그들의 반대자들도 — 예상하지 못한 사건들이 나중에 일어나, 이 진정한 공산주의 전통의 구현자들을 한줌밖에 안 되는 극소수로 축소시켜 버렸다. 그리고 트로츠키는 소인국의 거인처럼 그들 위에 우뚝서게 됐다.

1920년대 말과 1930년대의 저작에서 거듭거듭 트로츠키는 코민테른의 처음 네 대회에서 채택된 결정을 혁명적 정책의 모범으로서 언급했다. 그렇다면 이 결정들은 무엇이었으며 어떠한 상황 속에서 채택됐을까?

1919년 3월 4일이었다. 크렘린에 모인 35명의 대표들은 기권

1표, 찬성 34표로 제3인터내셔널(공산주의인터내셔널)을 결성하기로 결정했다. 그렇지만 이 모임이 대표성을 지니고 있는 비중 있는 모임은 아니었다. 오로지 러시아 공산당의 다섯 대표들(부하린, 치체린, 레닌, 트로츠키, 지노비예프)만이 진정으로 대중적이고 진정으로 혁명적인 정당을 대표했다. 노르웨이 노동당NAP의 스탕에는 대중정당의 대표로 왔지만, 사건들이 증명하듯이 노르웨이 노동당의 실천은 결코 혁명적이지 않았다. 신생 독일 공산당KPD 소속의 에벌라인은 참으로 혁명적이었지만 여전히 당원이 수천 명에 불과한 조직을 대표했다. 다른 대표들은 대부분 대표하는 것이 별로 없었다.

대표들의 다수는 여러 나라에서 어느 정도 실질적인 대중 지지를 받지 못하는 '인터내셔널'이 속 빈 강정이라는 것을 당연하게 여겼다. 러시아 대표들을 대표해 연설한 지노비예프는 대중적 지지가 실제로 존재한다고 주장했다. 많은 대표들의 취약성은 우연이라는 것이었다. "우리는 대국에서 프롤레타리아 혁명의 승리를 성취했습니다. …… 독일에는 몇 개월 뒤에 권력을 장악해 프롤레타리아 정부를 수립할 수도 있는 전진하는 당이 있습니다. 이래도 여전히 인터내셔널의 건설을 미루어야 합니까? 그렇게 한다면 아무도 이해하지 못할 것입니다."[2]

중부 유럽, 특히 독일에서 사회주의 혁명이 임박해 있다는 전망을 의심하는 대표들은 하나도 없었다. 에벌라인의 말을 빌면,

"모든 조짐들이 신기루가 아니라면, 독일 프롤레타리아는 최후의 결정적 투쟁에 직면해 있습니다. 어렵기는 하지만 공산주의는 가망이 있습니다."[3]

가장 냉철하고 치밀한 혁명가 레닌은 개회연설에서 이렇게 말했다. "러시아뿐 아니라 유럽의 가장 발전한 자본주의 나라들, 예를 들어 독일에서도 내전은 하나의 사실입니다. …… 세계혁명이 시작되고 있고 모든 지역에서 그 강도가 높아지고 있습니다."[4]

이것은 공상이 아니었다. 1918년 11월, 당시까지 유럽의 최강국인 독일 제국이 붕괴했다. 6명의 인민위원이 ― 세 명은 사회민주당원들이고 세 명은 독립사회민주당원들이었다 ― 황제의 정부를 대신했다. 노동자평의회와 병사평의회가 독일 전역에 확산됐고 실제로 권력을 행사했다. 사실, 노동자평의회와 병사평의회를 지배한 사회민주당 지도자들은 '공화정'이라는 새로운 가면을 쓰고 등장한 옛 자본가 국가권력을 재건하는 데 모든 힘을 쏟았다. 바로 그 때문에 더더욱 시급히 소비에트 독일을 위한 투쟁을 지도하고 지원하기 위해서 강력한 중앙집권적 지도부를 가진 혁명적 인터내셔널을 창설할 필요가 있었다. 그 투쟁은 1919년 1월 스파르타쿠스 동맹이 주도한 봉기가 유혈 낭자하게 진압됐음에도 발전하고 있는 듯했다. "독일에서는 1919년 1월부터 5월까지 유혈 내전이 벌어졌고 한여름까지도 산발적인 투쟁이 계속됐다. ……"[5] 모스크바 회합 한 달 후 바바리아 소비에트 공화국이 선포됐다.

중부 유럽의 또 다른 강대국 오스트리아-헝가리 제국도 붕괴했다. 오스트리아-헝가리 제국이 해체된 뒤에 파편으로 등장한 국가들도 크거나 작은 혁명적 소요에 휘말렸다. 오스트리아의 독일어 사용 지역에서 제 구실을 하는 군대는 사회민주당이 통제하는 인민군Volkswehr밖에 없었다. 헝가리에서는 1919년 3월 21일에 소비에트 공화국이 선포됐다. 새로 수립되거나 재건된 국가들도 모두 — 체코슬로바키아, 유고슬라비아, 심지어 폴란드조차 — 아주 불안정한 상태였다.

사회주의자 지도부의 구실이 결정적으로 중요했다. 대다수의 지도자들은 이제 '민주주의'라는 이름으로 반혁명을 지지했다. 사실, 그들은 한때 마르크스주의자이자 국제주의자였다. 1914년에 그들은 '자국' 지배계급에 투항한 바 있다. 이제 그들은 이 결정적인 시점에서 노동자 권력의 수립을 저지하기 위해 사회주의적 미사여구와 1914년 이전까지 그들이 구체제에 반대했던 기간에 쌓아 놓은 대중의 신뢰를 이용해 자본주의를 수호하는 가장 주된 지주支柱가 돼 있었다. 그들이 베른 회의에서 제2인터내셔널을 재건하려 한다는 사실이 제3인터내셔널을 긴급히 선포할 또 다른 이유로 지적됐다. 일찍이 1914년에 레닌은 "제2인터내셔널은 기회주의에 짓눌려 죽어 버렸다. …… 제3인터내셔널 만세!"[6] 하고 썼다. 10월 혁명이 일어난 지 18개월이나 지난 지금 그 슬로건은 현실이 돼야 했다.

제3인터내셔널은 어떤 정강에 바탕을 두고 있었을까? 그것은 혁명적 국제주의와 노동계급이 사회를 지배하는 수단인 소비에트 체제라는 두 개의 기본 강령에 바탕을 두고 있었다.

1919년 대회의 주요 결의안은 다음과 같이 선언했다.

> 민주주의는 고대 그리스 공화정, 중세 도시 그리고 선진 자본주의 나라들에서 각각 다른 형태와 정도로 적용됐다. 소수의 착취자에게서 다수의 피착취자로 권력이 이양되는, 역사상 가장 심원한 혁명, 세계 최초로 권력이 소수 착취자에서 다수 피착취자로 이양되는 사례가 철저한 변화 없이도, 새로운 형태의 민주주의와 민주주의를 적용하기 위한 새로운 조건들을 구체화하는 새로운 제도의 창출 없이도 옛 부르주아 의회민주주의의 낡아 빠진 틀 안에서 일어날 수 있다는 생각은 완전히 어리석은 생각일 것이다.[7]

소비에트인가 의회인가? 10월 혁명 이후, 러시아 공산당은 농민 정당인 사회혁명당이 다수 의석을 차지하게 된 제헌의회를 해산하고 소비에트 권력을 지켰다. 11월 혁명 이후 독일 사회민주당은 자신이 다수를 차지하고 있는 노동자평의회와 병사평의회를 해산하고 자기들이 소수인 국회를 수호했다.

이 두 경우에 헌정 형태 문제는 실제로는 계급 권력 문제였다. 러시아 공산당이 취한 행동은 노동자 국가를 창출한 반면, 독일 사회민주당이 취한 행동은 부르주아 국가인 바이마르 공화국을 창출했다.

마르크스는 파리코뮌을 경험한 뒤에, 자본주의에서 사회주의로 이행하는 시기의 국가 형태는 "프롤레타리아의 혁명적 독재일 수밖에 없다"고 썼다.

사회민주주의자들은 국가는 **모두** 계급 국가이며 '중립적' 국가는 없다는 마르크스주의 국가론의 정수를 실천에서 배격하기에 이르렀다. 그들은 혁명의 불가피성에 대한 자기들의 과거 입장을 버리고, '평화적'으로 의회를 통해 사회주의로 나아간다는 입장을 채택했다. 그러나 어느 모로 보나 바이마르 공화국은 러시아 소비에트 공화국과 마찬가지로 전에 존재하던 국가를 폭력으로 전복한 결과였다. 독일 제국을 전복한 것은 투표가 아니라, 반란을 일으킨 병사와 무장한 노동자였다. 이는 오스트리아 -헝가리 제국이 해체된 후에 파편으로 등장한 국가들의 경우도 마찬가지였다. 그러나 자본주의 파괴라는 더 커다란 변혁이 부르주아 민주주의의 통상적인 메커니즘을 통해 성취돼야 한다니! 이것은 사실상 사회주의라는 목표의 포기를 뜻하는 것이었다.

제3인터내셔널은 1919년의 '강령'에서 마르크스주의적 입장을 분명하게 다시 천명했다. "노동계급의 승리는 적의 권력 조직을 분쇄하고 노동자 권력을 조직하는 데 있다. 즉, 부르주아 국가 장치의 파괴와 노동자 국가 장치의 건설에 있다."[8] 의회를 통한 사회주의는 가능하지 않다. 레닌은 엥겔스의 다음 말을 동의하며 인용했다. "보통선거는 노동계급의 성숙함을 보여 주는 지표다. 그것은 현대 국가에서 그 이상의 의의를 가질 수 없고 미래에도 결코 가지지 않을 것이다."[9] 그는 모스크바 대회 직후에 이렇게 썼다. "부르주아 공화정은 아무리 민주적이라고 할지라도 모두 자본이 노동자들을 탄압하는 장치, 부르주아지의 독재 도구, 자본의 정치적 지배였을 뿐이고 결코 그 이상일 수 없었다."[10]

노동자평의회에 기반을 둔 노동자 공화국이야말로 진정으로 민주적이라는 것이었다.

> 소비에트 권력의 본질은 자본가들한테 억압당하는 계급들, 즉 노동자와 반半노동자(노동을 착취하지 않는 농민)의 대중조직이야말로 전체 국가권력의, 전체 국가기구의 영구적이고도 유일한 토대라는 점에 있다.[11]

그때가 비록 1919년이었을지라도 이것은 러시아를 다소 이상적으로 묘사한 것이라고 할 수 있다. 그러나 이상에서 '일탈'이 일어난 원인은 러시아의 후진성, 여전히 광기를 발하는 내전 그리고 외국 군대의 침입이었다.

트로츠키는 그때, 그리고 죽을 때까지 이 모든 생각들을 조금의 유보도 없이 지지했다. 1919년에 트로츠키는 부르주아 민주주의와 개혁주의 문제에 대해 레닌과 똑같은 견해를 갖고 있었고, 이후 자신의 생각을 결코 바꾸지 않았다.

모스크바 대표자 회의는 비타협적 국제주의, 1914년의 배신자들과 단호한 최종 결별, 노동자 권력, 노동자평의회, 소비에트 공화국 방어 그리고 가까운 장래에 중·서부 유럽에서 혁명이 일어날 것이라는 전망에 기초해 새로운 인터내셔널을 결성했다. 이제 문제는 이 모든 것을 현실화할 수 있는 대중정당의 건설이었다.

중간주의와 초좌파주의

최근에야 비로소 제2인터내셔널에 가입한 정당들과 조직들이 제3인터내셔널 가입을 신청하는 일이 갈수록 잦아지고 있다. 비록 그들이 진정으로 공산주의적이 되지는 않았지만 말이다. …… 공산주의인터내셔널은 어느 정도 유행이 되고 있다. …… 특정 상황에서 공산주의인터내셔널은 아직 제2인터내셔널 이데올로기와 결별하지 못한 채 왔다 갔다 하고 우유부단한 조직들이 유입돼 희석될 위험에 직면하게 될 수도 있다.[12]

1920년 7월에 레닌은 위와 같이 썼다. 진정으로 대중적인 혁명 운동이 유럽에 존재한다는 1919년 코민테른 대회의 가정은 곧 올바름이 입증됐다.

1919년 9월 이탈리아 사회당 볼로냐 대회는 당 집행부의 권고를 받아들여 공산주의인터내셔널 가입을 압도 다수의 지지로 결정했다. 노르웨이 노동당NAP은 코민테른 가입을 확인했고 불가리아 · 유고슬라비아(옛 세르비아) · 루마니아의 당들도 코민테른에 가입했다. 이들 중 처음 언급한 셋은 중요한 조직들이었다. 노르웨이 노동당은 영국 노동당과 마찬가지로 노동조합에 기반을 뒀고 노르웨이 좌파에서 단연 유력한 조직이었다. 그리고 불가리아 공산당은 처음부터 불가리아 노동계급 거의 전체의 지지를 받았다. 유고슬라비아 공산당은 새 국가 수립 이후 처음 (그리고 유일하게) 실시된 자유선거에서 국회의원들 54명을 당선시켰다.

프랑스에서는 사회당SFIO이 1918년과 1920년 사이에 당원이 갑절 이상 늘어났고 — 9만 명에서 20만 명으로 — 급속히 좌경화해 모스크바에 친화적인 태도를 보였다. 독일 사회민주당의 기반을 잠식하면서 급속히 기반을 넓히고 있던 독일 독립사회민주당USPD 지도부도 마찬가지였다. 스웨덴 사회민주당 좌파와 체코슬로바키아 사회민주당 좌파, 이들보다 작은 다른 나라 정당들(영국 독립노동당을 포함해)도 본질적으로 같은 길을 가고 있었다. 이 조직들은 평당원들의 압력 때문에 10월 혁명에 대해 입발림 말을 하면서 코민테른 가입 문제를 놓고 코민테른 지도부와 협상을 벌여야 했다.

레닌은 이렇게 썼다. "제3인터내셔널에 가입하고 싶어 하는 일부 선진적 '중간주의' 조직들의 존재는 제3인터내셔널이 전 세계에 걸쳐 계급의식을 가진 노동자 대다수의 공감을 얻었고 나날이 더욱 강력한 세력이 돼 가고 있다는 방증이다."[13]

그러나 이 당들은 혁명적 공산주의 조직이 아니었다. 그 당들의 전통은 말로만 혁명적이고 실천에서는 수동적인, 전쟁 전 사회민주주의였다. 그 당들은 통제권을 계속 장악하고 진정한 혁명 전략·전술의 채택을 저지하려고 책략을 부리며 요리조리 곡예를 하곤 했던 사람들이 지도했다.

이 당들의 대다수 당원들 없이 새로운 인터내셔널이 단기간에 유럽에서 결정적인 영향력을 행사하기를 바랄 수 없었다. 중간주의적 지도자들과의 결별 없이 새로운 인터내셔널이 혁명적 영향력을 행사하기를 바랄 수 없었다. 인터내셔널에 이미 가입한 대중정당들의 경우에도 상황은 크게 다르지 않았다. 예를 들어, 이탈리아 사회당 지도부에는 중간주의자들과 심지어는 철저한 개혁주의자들도 일부 있었다.

중간주의에 대항하는 투쟁은 또 다른 요인 때문에 복잡해졌다. 많은 공산주의 조직들 내부에는 초좌파 조류가 강력히 존재했다. 그리고 이 조직들의 외부에는 제3인터내셔널에 가까이 다가왔으면서도 여전히 공산주의 정당의 필요성을 부정하는 생디칼리스트 노동조합 조직들이 일부 있었다. 이 커다란 세력들을 획득하고 통합하는 일은 어렵고 복잡한 작업이었다. 그러려면 몇몇 상이한 전선에서 투쟁이 필요했다.

코민테른 2차 대회의 결정들은 매우 중요했다. 어떤 의미에서는 2차 대회가 진짜 창립 대회였다. 2차 대회는 소비에트 러시아와 폴란드의 전쟁이 절정에 이르러 적군赤軍이 바르샤바 근처로 진격해 가고 있을 때 열렸다. 2차 대회 직전에 독일에서는 카프Kapp 쿠데타가 일어나 군부독재를 세우려 했으나 노동계급의 대중행동으로 격퇴당했다. 이탈리아에서는 공장점거가 막 시작되려 했다. 혁명적 낙관주의 정서는 다른 어느 때보다 강했다. 인터내셔널의 당시 의장인 지노비에프는 다음과 같이 선언했다. "본인은 공산주의인터내셔널 2차 세계대회가 다음 세계대회, 그러니까 소비에트 공화국들의 세계대회를 예비하는 대회임을 깊이 확신한다."[14] 필요한 것은 단 하나, 운동을 승리로 이끌 진정한 대중적 공산당이었다. 2차 대회에서 트로츠키의 주된 공헌들 가운데 하나는 그러한 당들의 본질 문제에 관한 것이었다.

> 동지들, ≪공산당 선언≫이 출현한 지 75년이 지난 지금 국제 공산주의자 대회에서 당이 필요한가 그렇지 않은가 하는 것에 대

한 논란이 벌어지는 것이 퍽이나 이상하게 보일 것입니다. …… 만일 우리가 여기서 샤이데만이나 카우츠키나 이들의 영국인 동지들에 대해 논하는 것이라면 당이 노동계급에게 필수 불가결함을 이 신사들에게 확신시킬 필요가 없음이 자명합니다. 그들은 노동계급을 위한 당을 만들어서 그것을 부르주아지와 자본주의 사회의 이익에 봉사하는 것으로 만들었습니다. …… 저는 당이 반드시 필요하고 얼마나 가치 있는 것인가 하는 것을 잘 알고 있습니다. 그리고 제 눈에는 한편에 샤이데만이 보이고 다른 한편에 미국이나 스페인이나 프랑스의 생디칼리스트들이 보입니다. 이들은 부르주아지와 단지 투쟁하는 것뿐 아니라 샤이데만과 달리 부르주아지를 타도하기를 진심으로 원하고 있습니다. 바로 이 때문에 저는 이들 스페인, 미국, 프랑스의 동지들과 더 토론하고 싶습니다. 토론을 통해 저는 그들에게 당은 그들에게 부과된 사명인 부르주아지 타도를 위해서 필수불가결하다는 점을 입증하고 싶습니다. …… 동지들, 프랑스 생디칼리스트들은 노동조합 내부에서 혁명적 활동을 하고 있습니다. 예를 들어, 제가 오늘 알프레드 로스메르 동지와 토론할 때 우리는 공통의 인식이 있음을 발견했습니다. 프랑스의 생디칼리스트들은 민주주의는 속임수라며 민주주의 전통을 거부하면서 이렇게 말했습니다. "우리는 어떠한 당도 원하지 않는다. 우리는 프롤레타리아의 노동조합들을 지지하고 그 안에서 직접 행동을 적용하는 소수를 지지한다." 이 동지들에게 이 소수란 무엇을 의미하는 것입니까? 그것은 프랑스 노동계급 가운데 선별적 부분, 다시 말해 자기 나름의 명확한 강령과 조직을 갖춘 부분으로서, 모든 문제들을 토론하고, 토론뿐 아니라 결정도 하며, 특정한 규율로 묶여 있는 조직을 뜻합니다.[15]

트로츠키는 이것이 바로 문제의 핵심이라고 주장했다. 당이라는 생각을 당연한 것으로 여기는 중간주의자들보다 혁명적 생디칼리스트들이 공산주의적 정당 건설에 훨씬 더 근접해 있다는 것이다. 생디칼리스트의 주장이 완전히 타당한 것은 아니었다. 무엇인가 거기에 첨가돼야 했다. "노동계급이 축적한 경험을 모두 집중시키는 …… 일종의 자산 목록. 이것이 바로 우리가 당을 생각하는 방식입니다. 이것이 바로 우리가 우리의 인터내셔널을 생각하는 방식입니다."[16]

인터내셔널은 주로 선전 조직일 수 없었다. 트로츠키는 코민테른 집행위원회에서 한 연설에서 코민테른이 "대중의 뒤꽁무니를 좇고 있다"고 비난한 네덜란드의 초좌파 호르터에 반대해 다음과 같이 선언했다.

호르터 동지가 제안하는 바는 무엇입니까? 그는 무엇을 원합니까? 바로 선전입니다! 이것이야말로 그의 방법 전체의 골자입니다. 호르터 동지는 혁명이 결핍이나 경제적 조건들이 아니라 대중의 의식에 달려 있는 것이며 대중의 의식은 선전을 통해 형성된다고 말합니다. 여기에서 그는 선전을 18세기의 계몽주의와 이성주의 철학파와 아주 흡사하게 순전히 관념론적 방식으로 이해하고 있습니다. …… 지금 당신이 원하는 바는 결국 선전을 통한 노동자의 개별적 충원이라는 방법으로 인터내셔널의 역동적 발전을 대체하려는 것과 본질적으로 같은 것입니다. 당신은 선민으로 이뤄진 모종의 순수한 인터내셔널을 원하는 것입니다.[17]

초창기 코민테른에 수동적인 선전가 형型의 초좌파주의만 있었던 것은 아니다. 1921년에 독일 공산당 지도부는 무력 정변의 경향을 띠고 있었다. 그해 3월 전국적 혁명 상황이 존재하지 않는 가운데(지역적으로는 중부 독일 일부 지역에서 혁명 비슷한 상황이 존재했다) 공산당 지도부는 상황 전개 속도를 억지로 단축하고자 당의 투사들이 진정한 대중운동을 대신하도록 했다.◆ 이 '3월 행동'의 결과는 심각한 패배였으며 당원 수도 약 35만 명에서 15만 명으로 줄었다. 독일 공산당은 이 전술을 정당화하기 위해 '공세 이론offensive theory'이라는 것을 동원했다. 1921년 여름에 한 어느 연설에서 트로츠키는 다음과 같이 지적했다.

◆ 쿠데타에 의한 정부 전복 기도를 말한다.

이른바 공세이론이라는 것이 주창됐습니다. 이 이론의 핵심은 무엇입니까? 이 이론의 요체는 우리가 자본주의 사회의 해체기, 다시 말해 부르주아지를 타도해야 하는 시기에 돌입했다는 것입니다. 부르주아지를 어떻게 타도해야 한다는 얘기일까요? 노동계급의 공세를 통해서라는 것입니다. 순전히 추상적인 형식으로 보자면 공세이론은 의심할 여지없이 올바른 것입니다. 그러나 일부 개인들은 이 이론적 자본을 그에 상응하는 가치의 소액환으로 바꾸려 했습니다. 그들은 이 공세가 연속되는 많은 소규모 공세로 이뤄진다고 선언했습니다. ……

동지들, 그동안 우리는 노동계급 정치투쟁과 군사작전의 유사성을 너무 많이 강조해 왔습니다. 어느 정도까지는 그 유사성을 이야기할 수 있습니다. …… 군사적 측면에서 우리도 독일어로 말하면 3월의 날들, 이탈리아어로 말하면 9월의 날들(이탈리아 사회당이 1920년 9월의 혁명적 위기를 이용하지 못한 것을 가리킨다)이 있었습니다. 부분적 패배 후에는 어떤 일이 일어납니까? 군사 기구의 일정한 탈구가 시작되고, 또한 휴지기에 대한 일정한 필요성, 방향 전환의 필요성 그리고 자신과 상대방의 힘에 대한 좀 더 정확한 평가가 제기됩니다. …… 때때로 이 모든 것들은 전략적으로 후퇴하는 조건에서만 가능한 것이 됩니다. ……

그러나 이것을 정확하게 이해하려면, 그리고 뒤로 물러서는 후퇴 시기에 통일된 전략 계획의 구성 요소를 파악하려면 특정

> 한 경험이 필요합니다. 그러나 …… 혁명적 의지를 더 확대시킴으로써 모든 것을 바꿀 수 있다는 가정에 바탕을 두고 순전히 추상적으로 생각하고 언제나 전진해야 한다고 고집한다면 그때 어떠한 결과들을 얻게 될까요? 이탈리아의 9월 상황이나 독일의 3월 상황을 예로 들어 봅시다. 이 나라들의 상황은 새로운 공세를 통해서만 만회할 수 있다는 주장들을 우리는 듣습니다. …… 이러한 조건들 아래서 우리는 훨씬 더 크고 훨씬 더 위험한 패배를 당하게 될 것입니다. 안 됩니다, 동지들. 그와 같은 패배를 당한 뒤에는 퇴각해야 마땅합니다.[18]

공동전선

실제로 1921년 여름 코민테른 지도부는 좀 더 일반적인 의미에서 전략적 후퇴가 필요하다는 결정을 내렸다. 6월에 트로츠키는 〈프라우다〉에 다음과 같이 썼다.

> 부르주아지에게 가장 위험한 해였던 1919년에, 명확한 목표들을 제시하고 유능하게 그 목표들을 추구할 수 있는 진정한 혁명 조직, 즉 강력한 공산당이 프롤레타리아의 선두에 있었다면, 의심할 여지없이 유럽의 프롤레타리아는 최소한의 희생으로 국가권

력을 장악할 수도 있었을 것이다. 그러나 그러한 공산당은 존재하지 않았다. …… 지난 3년 동안 노동자들은 많이 싸웠고 많은 희생을 치렀다. 그러나 그들은 권력을 장악하지 못했다. 그 결과 노동 대중은 1919~1920년보다 조심스러워졌다.[19]

트로츠키가 써서 1921년 7월 코민테른 3차 대회에서 채택된 "세계 상황에 대한 테제"에서도 이와 동일한 생각이 표현됐다.

공산주의인터내셔널 2차 대회와 3차 대회 사이의 기간에 일련의 노동계급 반란과 투쟁(1920년 8월 적군赤軍의 바르샤바 진군, 1920년 9월 이탈리아 프롤레타리아의 운동, 1921년 3월 독일 노동자들의 봉기)이 일어나 부분적 패배로 끝났다. 전후 혁명 운동의 제1기는 공격의 성격이 자생적이고, 목표와 방식이 매우 부정확하고 지배계급 속에서 극단적 공포를 자아냈다는 특징을 갖고 있는데, 이제는 그 시기가 본질적으로 끝난 듯하다. 부르주아 계급의 자신감과 그들의 국가기관들의 외부적 안정성은 명백히 강화됐다. …… 부르주아지의 지도자들은 심지어 국가기구들의 권력을 자랑하고 있으며 모든 나라의 경제적 전선과 정치적 전선에서 노동자들에 대한 공세로 전환했다.[20]

제3차 대회 직후 코민테른 집행위원회는 각국 정당에 활동의 강조점을 공동전선에 두는 것으로 전환하라고 설득하기 시작했다. 1922년 초에 트로츠키는 이 방식의 핵심을 다음과 같이 아주 명확하게 요약했다.

> 공산당의 임무는 프롤레타리아 혁명을 지도하는 것이다. …… 이를 이루려면 공산당은 노동계급의 압도 다수에 기반을 둬야 한다. …… 이를 이루려면 공산당은 명확한 강령과 엄격한 내부 규율을 갖춘 독립적인 조직으로 반드시 남아 있어야만 한다. 바로 이 때문에 공산당은 개혁주의자들이나 중간주의자들과 이데올로기적으로 단절해야 했다. …… 완전한 독립성과 당원들의 이데올로기적 동질성을 확실히 하고 나면, 공산당은 노동계급 다수에 대한 영향력을 획득하려고 투쟁한다. …… 그러나 이러한 혁명 준비기에도 프롤레타리아의 계급적 생명이 정지되지 않는다는 점은 아주 명백한 사실이다. 어느 한편이 기선을 잡든지 간에, 산업체 경영자들, 부르주아지, 국가권력과의 충돌은 불가피한 것이다.
>
> 이러한 충돌이 노동계급 전체나 노동계급 다수 또는 노동계급의 이러저러한 부문의 중대한 이해관계와 관련돼 있는 한 노동자 대중은 행동 통일의 필요성, 다시 말해 자본주의의 공격에 저항하기 위한, 또는 자본주의를 공격하기 위한 단결의 필요성을 느낀다. 행동 통일에 대한 노동계급의 이러한 요구를 외면하

는 당은 누구든 노동자들한테서 반드시 비난받을 것이다.

그러므로 공동전선 문제는 발단이든 내용이든 어느 모로 보나 공산당 의원단과 사회당 의원단 사이나 두 정당 중앙위원회들 사이의 호혜 관계 문제가 결코 아니다. …… 공동전선 문제는 노동계급에 기반을 둔 다양한 정치 조직들 사이의 분열이 이 시대에 불가피하지만 자본주의에 대항하는 투쟁에서 노동계급이 공동전선의 가능성을 확보하는 것이 절실히 필요하다는 사실에서 비롯한다.

이 임무를 이해하지 못하는 사람들에게 당은 대중행동을 위한 조직이 아니라 고작 선전단체일 뿐이다. ……

따라서 전선의 통일은, 전투 진용을 갖춘 프롤레타리아의 중요한 부분의 의지를 오늘날에도 여전히 개혁주의 조직들이 표현하는 한, 어떤 한계 내에서 그리고 특정한 쟁점들을 놓고 개혁주의 조직들의 행동과 우리의 행동을 실천에서 기꺼이 상호 연결하려는 자세를 전제로 한다.

그럼에도 따지고 보면 우리는 그들과 결별하지 않았는가? 물론 그랬다. 노동계급 운동의 근본 문제들을 놓고 그들과 견해가 달랐기 때문이다.

그런데도 그들과 협력을 추구해야 하는가? 그렇다. 그들을 따르는 대중이 우리를 따르는 대중과 함께 공동 투쟁을 할 태세가 돼 있는 경우에는 언제나, 또 그들 개혁주의자들이 어느 정도 불가피하게 이 투쟁의 도구가 되지 않으면 안 될 경우에는 말이다. ……

물론 공동전선 정책을 추구한다고 해서 모든 경우에 실제로 행동 통일을 달성하게 되는 것은 아니다. 그와는 반대로, 많은 경우에, 심지어 대부분의 경우에 조직상의 합의는 아마도 절반만 이뤄지거나 어쩌면 전혀 이뤄지지 않을 것이다. 그러나 행동 통일이 달성되지 않는 이유가 우리의 형식주의적 비타협성 때문이 아니라 개혁주의자들에게 진정한 투쟁 의지가 없기 때문임을 확신할 수 있는 기회가 투쟁 대중에게 언제나 주어져야 한다.[21]

공동전선을 주요 의제로 다뤘던 코민테른 제4차 대회(1922년)는 레닌이 마지막으로 참석한 대회였으며 대회의 결정이 본질적으로 올바르다고 트로츠키가 인정한 마지막 대회였다. 10년 후 트로츠키는 근본 원칙을 언급하면서 초기 코민테른의 경험에 대한 그의 견해를 다음과 같이 요약했다.

국제 좌익반대파는 1차부터 4차까지의 코민테른 대회에 근거하고 있다. 그 결정들 가운데 많은 것은 순전히 국면적 성격을 가졌고 나중에 일어난 사건들과 모순되므로 그 자구를 하나하나 충실히 따라야 하는 것은 아니다. 그러나 본질적 원칙들(제국주의, 부르주아 국가, 민주주의, 개혁주의, 봉기, 프롤레타리아 독재, 농민과의 관계, 피억압 민족과의 관계, 노동조합 활동, 의회주의, 공동전선 정책 등에 관한) 은 모두 자본주의가 일반적 위기에 빠진 오늘날에조차 여전히 프롤레타리아 전략의 최고 표현이다. 좌익반대파는 제5차 대회(1924년)와 제6차 대회(1928년)의 수정주의적 결정들을 거부한다. ……[22]

1923년에는 한편으로 스탈린, 지노비예프, 카메네프의 삼두정치와 다른 한편으로 좌익반대파가 등장했다. 또한 1923년에는 코민테른이 유럽에서 매우 심각한 패배를 두 차례 당했다. 그해 6월 불가리아 노동계급 거의 전체의 지지를 받는 대중정당인 불가리아 공산당은 농민당 정부에 대한 우익 쿠데타에 직면해서도 '중립적인', 더 정확히 말하면 완전히 수동적인 태도를 취했다. 그리고 부르주아 민주주의 체제가 붕괴되고 군사독재가 수립되고 인민대중의 사기가 저하되자, 불가리아 공산당은 정치적 준비를 조금치도 착실하게 하지 않은 채 갑자기 봉기(9월 22일)를 일으켰다. 봉기는 분쇄당했고 광기 어린 백색 테러가 뒤따랐다. 독일에서는 프랑스가 루르 지방을 점령하고 천문학적 물가 인상 때문에 글자 그대로 화폐 가치가 없어지자 심각한 경제 · 사회 · 정치 위기가 발생했다. "1923년 가을 독일 상황은 1919년 이후 그 어느 때보다 더 절망적이었다. 궁핍은 더욱 심각해지고 앞날에 대한 희망은 없어 보였다."[23] 공산당이 작센에서 사회민주당과 연립정부를 수립하고 나서 10월에 봉기를 일으키기로 계획을 했지만 최후 순간에 취소했다(함부르크에서는 봉기를 취소한다는 소식을 제때 전달받지 못해 고립된 채 봉기를 일으켜 이틀 만에 분쇄당했다).

트로츠키는 역사적 기회를 놓쳤다고 믿었다. 이때부터 코민테른의 정책은 처음에는 소련 당내 투쟁에서 스탈린 분파가 필요로 하는 바에 따라 결정됐고, 그리고 나중에는 스탈린 정부의 대외 정책의 필요에 따라 결정됐다. 1924년 잠깐 동안 '좌경적' 동요를 한 후 코민테른은 1928년까지 우경화했고 그 뒤 1928~1934년에는 초좌파주의에 빠졌고 마침내 민중전선 기간(1935~1939년)에는 매우 우경화했다. 트로츠키는 이 국면들 각각을 분석하고 비판했다. 그가 비판한 것이 무엇인지 세 가지 예를 들어 설명하는 것이 편리할 것이다.

영-소 노동조합위원회

앞에서 살펴본 1925~1927년의 중국 혁명을 제쳐 놓고 말하면, 트로츠키가 코민테른의 첫째 우경화 국면에 대해서 했던 가장 중요한 비판은 1926년 총파업 직전까지 그리고 그 파업 기간에 영국 공산당이 코민테른의 지령에 따라 실행한 정책이었다.

1926년 5월 총파업은 영국 역사의 결정적인 전환점이었고 노동계급한테는 완전한 패배였다. 그것은 간간이 중단되긴 했으나 오랜 기간 이어져 온 노동계급 투쟁성을 끝냈고, 노골적으로 계급협력적인 우파가 노동조합을 오래 지배하게 했고, 공산당이 쇠퇴하는 대신에 노동당의 개혁주의를 크게 강화하는 결과를 낳았다.

1924~1925년에 노동조합 운동은 좌경화하고 있었다. 공산당의 영향을 받아 1924년에 "후퇴를 멈춰라"와 "노동조합으로 돌아가자"는 구호를 중심으로 구축되기 시작된 소수파운동Minority Movement이 상당한 영향력을 얻고 있었다. 그와 동시에, 공식적 운동은 좌파 관료들의 영향을 받고 있었다. 그리고 1925년 봄부터 영국 노총TUC은 '영-소 공동 노동조합 자문위원회'를 통해 소련 노동조합연맹과 협력했다. 덕분에 총평의회 위원들General Councillors은 모종의 '혁명적' 후광을 입게 됐고 왼쪽의 비판자들에 대항하는 커버(차폐물)를 얻게 됐다.

트로츠키는 다음과 같이 비판했다. 모스크바의 강력한 권고에 따라 영국 공산당은 좌파 관료들에 대한 신뢰를 증진시키고 있다(공산당의 핵심 구호는 "모든 권력을 총평의회로"였다). 이들은 결정적 국면에서 운동을 배반할 것이 확실하다(물론 실제로 그랬다). 올바른 방침은 '좌파 관료들'이 제공한 명분을 모두 이용하면서도 결코 그들에게 기대를 걸지 않고, 또는 그들에게 의지하라고 투사들을 부추기지 않으면서, 오히려 좌파 관료들의 배반을 예상하고 그것을 경고하고 그것에 대비하면서 현장조합원들 사이에서 독자적으로 운동을 구축하는 것이다. 트로츠키는 나중에 다음과 같이 썼다.

> 지노비예프는 혁명으로 들어가는 입구가 영국 공산당의 좁은 문이 아니라 노동조합의 으리으리한 정문이라고 예상했던 듯하다. 노동조합으로 조직된 대중이 공산당을 지지하도록 하기 위해 투쟁하지 않고, 혁명의 목적들을 위해 노동조합의 기존 기구를 되도록 빨리 이용하고 싶어 했다. 이러한 그릇된 태도에서 뒷날 영국 노동계급뿐 아니라 소련에도 타격 — 비록 중국 혁명의 패배가 이보다 더 큰 타격을 가했지만 — 을 가한 영-소[노동조합] 위원회 정책이 나왔다. …… 차티스트 운동 이래 영국에서 가장 컸던 혁명 운동의 결과로, 총평의회는 총파업 전보다도 훨씬 더 단단하게 세력을 굳힌 반면에 영국 공산당은 거의 성장하지 못했다. 이것이 바로 그 독특한 "전략적 책략"의 결과다.[24]

트로츠키는 공산당이 독립적으로 활동하는 정책을 추구했더라면 파업을 반드시 승리로 이끌었을 것이라고는 주장하지 않았다.

> 자기 말이 어떻게 받아들여질지 아는 혁명가라면 이러한 노선을 따랐다면 승리가 보장됐을 것이라고 주장하지 않을 것이다. 그러

나 이 길을 따라 나아가야만 승리가 가능했다. 이 길을 따라 나아가다 겪은 패배는 장차 승리로 나아갈 수 있는 길에서 겪는 패배였을 것이다.[25]

그러나 이 길은

공산주의인터내셔널의 관료들에게는 너무나 멀고 불확실한 듯했다. 그들은 퍼셀, 힉스, 쿡 등에 대한 개인적 영향력을 이용해 …… [이들을] 점차 그리고 부지불식간에 …… 공산주의인터내셔널로 …… 끌어들일 수 있을 것이라고 생각했다. 그러한 성공을 보장하려면 …… 경애하는 친구들(퍼셀, 힉스, 쿡)을 난처하게 만들거나 화나게 하지 말아야 했다. …… 공산당을 소수파운동에 실제로 예속시키는 근본적 수단에 의존해야 했다. 대중은 모스크바가 보증한 퍼셀 · 힉스 · 쿡만을 이 운동의 지도자들로 알고 있었다. 이들 '좌파적' 친구들은 결정적 시험에서 부끄럽게도 프롤레타리아를 배신했다. 혁명적 노동자들은 혼란에 빠졌고, 냉담해졌고, 이 모든 배신과 배반의 메커니즘 전체에서 단지 수동적 구실만을 했지만, 공산당에도 자연스럽게 실망하고 말았다. 소수파운동은 소멸했고 공산당은 다시 보잘것없는 종파로 전락했다.[26]

'좌파' 관료에 대한 의존은 여전히 혁명가들과 좌파 개혁주의자들을 구분짓는 특징들 가운데 하나다. 트로츠키가 한 비판은 오늘날에도 대단히 타당하며 특히 영국에서는 더욱 타당하다.

'제3기'의 독일

코민테른 6차 세계대회(1928년 여름)에서 1924~1928년의 우경적 노선에 대한 격렬한 반작용이 시작됐다. 독특하게 관료적 성격을 띤 초좌파주의 노선이 각국의 상황을 고려하지도 않은 채 모든 곳의 공산당한테 강요됐다. 소련에서 막 실행된 제1차 5개년 계획과 강제 집산화를 반영하는 이 새로운 노선은 '혁명 투쟁이 고양되는' 시기라며 '제3기'를 선언했다. 실천에서 이것은 특히 독일에서 파시즘이 현실적인 위험을 더해 가고 있을 때 사회민주주의자들을 주된 적으로 여기는 것을 뜻했다.

1929년에 열린 코민테른 집행위원회 10차 총회는 다음과 같이 선언했다.

> 제국주의의 모순이 증대하고 계급투쟁이 첨예해지는 이 상황에서 파시즘은 점점 더 유력한 부르주아 지배 방식이 되고 있다. 강력한 사회민주당이 존재하는 나라들에서 파시즘은 사회파시즘이라는 특정 형태를 띤다. 사회파시즘은 파시스트 독재 체제에

대항하는 투쟁에서 대중의 활동을 마비시키기 위한 도구로서 부르주아지에게 점점 더 많이 봉사한다.[27]

그리하여 당시까지 이해되던 바의 공동전선 정책은 폐기돼야 했다. 대중적인 사회민주당과 그 당이 통제하는 노동조합들을 파시스트들에 대항하는 공동전선에 참여시키려 애써서는 안 됐다. 사회민주당 자체가 사회파시스트들이었으니 말이다. 실제로, 코민테른 집행위원회 11차 총회(1931년)는 사회민주주의가 "자본가 국가가 파시즘으로 발전하는 과정에서 가장 능동적인 요인이며 선도자"[28]라고 덧붙였다.

파시즘의 성격과 사회민주주의의 성격 모두에 대한 이렇게 기괴하게 잘못된 평가에 따라 독일에서 히틀러가 권력을 장악하기 훨씬 전에 '강력한 사회민주주의 정당'과 '파시스트 독재 체제'가 공존할 수 있고 실제로 공존했다는 가정이 세워졌다. 1932년 코민테른 집행위원회 12차 총회는 다음과 같이 선언했다. "독일에서 폰 파펜-쉴라이허 정부는 제국 군대와 철모단Stahlhelm*과 나치의 도움으로 파시스트 독재의 한 형태를 수립했다."[29]

트로츠키는 1929년부터 1933년의 파국**까지 매우 긴급하게 그리고 매우 필사적으로 이러한 범죄적 어리석음에 반대하는 글

* 1918년에 창설된 재향군인단.

** 히틀러의 총리 취임과 뒤이은 혹심한 탄압을 말한다.

을 쓰고 주장을 폈다. 독일의 위기를 다룬 트로츠키 저작들의 탁월함과 설득력을 능가하거나 필적하는 마르크스주의 저작은 지금까지 매우 드물다.

그 저작들 전체를 관통하는 중심 주제는, 그것들 가운데 가장 유명한 것 중 하나의 제목을 인용하면, "파시즘에 대항하는 노동자 공동전선"의 필요성이었다. 그러나 그의 저작들은 이것 이상의 내용을 담고 있었다. 트로츠키는 독일의 스탈린 추종자들이 옹호할 수 없는 것을 옹호하려고 내놓은 짜증나는 주장들을 상세히 파헤쳐야만 했다. 그러므로 이 시기 그의 저작들은 엄청나게 광범한 사이비 마르크스주의적 주장들을 끄집어내서 그것들을 논박하는 동시에, '프롤레타리아 전략의 최고 표현'을 비범하게 명확히 설명했다. 그의 저작들 가운데 일부만을 여기에서 인용해 보겠다.

> 지금 코민테른의 공식 신문은 독일 선거(1930년 9월) 결과를 공산주의의 대대적 승리로 묘사하고 있다. 그리고 그 승리는 소비에트 독일이라는 구호를 당면한 일정에 올려놓았다고 한다. 관료 낙관론자들은 선거 통계가 보여 주는 세력 관계의 의미를 숙고하고 싶어 하지 않는다. 그들은 상황이 제기하는 혁명적 과제들과 난관들을 고려하지 않고 공산당 득표수를 따진다.
>
> 공산당은 1928년의 330만 표를 얻은 것과는 대조적으로 대략

460만 표를 얻었다. '정상적인' 의회 기구의 관점에서 본다면 투표자가 늘었음을 감안하더라도 130만 표를 더 얻었다는 것은 상당한 것이다. 그러나 공산당의 득표는 파시즘이 80만 표에서 640만 표를 얻는 약진을 기록한 것에 비하면 새발의 피다. 못지않게 중요한 사실은 사회민주당이 득표수가 상당히 감소했는데도 간부 당원들을 유지했고 여전히 공산당보다 훨씬 더 많은 노동자 표를 얻었다는 점이다.

한편, 국제적 상황과 국내적 상황이 어떠한 식으로 결합되면 노동계급이 좀 더 빠르게 공산주의로 돌아설 수 있는지 자문해 본다면, 그러한 변화를 일으키기에 현재 독일의 상황보다 더 유리한 사례는 찾아볼 수 없을 것이다. …… 경제는 위기에 처해 있고, 지배자들은 해체 상태이며, 의회 제도는 위기에 처해 있고, 권력을 장악한 사회민주주의는 자신의 본질을 더할 나위 없이 적나라하게 보여 주고 있다. 이 구체적인 역사적 상황이라는 관점에서 본다면, [1928년 선거에 비해] 130만 표를 더 얻었지만 독일의 사회생활에서 독일 공산당이 차지하는 비중은 여전히 작다. ……

한편, 진정한 혁명 정당의 첫째 특징은 현실을 있는 그대로 직시할 수 있는 것이다. ……

사회적 위기가 프롤레타리아 혁명을 일으키려면 다른 조건들 말고도 프티부르주아 계급이 프롤레타리아 편으로 결정적으로 돌아서는 일이 필요하다. 이것은 프롤레타리아가 국민의 선두에 지도자로 설 수 있는 기회가 될 것이다.

지난 선거는 이와 반대 방향의 변화가 일어났다는 것을 보여 주었다. 이것은 지난 선거가 어떤 의미를 갖고 있는가 하는 것을 보여 주는 가장 중요한 징후다. 위기의 영향으로 프티부르주아지는 프롤레타리아 혁명의 방향이 아니라 상당 부분의 프롤레타리아를 이끌고 극단적이기 이를 데 없는 제국주의적 반동의 방향으로 나아갔다.

국가사회당[나치즘]의 막대한 성장은 다음 두 가지 요인들 덕분이다. 즉 프티부르주아 대중을 [자본가와 노동자 가운데] 어느 한 편으로 기울게 하는 심각한 사회적 위기의 존재와 혁명적 정당의 부재가 그것이다. 오늘날 인민대중한테서 공인된 혁명적 지도자로 인정받는 혁명 정당은 없다. 공산당이 혁명적 희망의 당이라면, 대중운동인 파시즘은 반혁명적 절망의 당이다. 혁명적 희망이 전체 프롤레타리아 대중을 사로잡을 경우, 그것은 반드시 상당히 많은 그리고 점점 더 많은 프티부르주아지를 혁명의 길로 이끌고 나아갈 것이다. 바로 이러한 면에서 선거는 반대의 그림을 보여 주었다. 즉, 반혁명적 절망이 프티부르주아 대중을 강력하게 사로잡았기 때문에 프티부르주아지가 적잖은 프롤레타리아를 이끌고 나아갈 수 있었던 것이다. ……

독일에서 파시즘은 진정한 위험이 돼 있다. 이것은 부르주아 체제의 가망 없는 처지, 그 체제 안에서 사회민주당이 하는 보수적 구실, 그리고 공산당이 그 체제를 폐지하지 못하는 무기력이 누적돼 왔음을 극명하게 나타내는 것이다. 이것을 부정하는 사람은 장님이거나 허풍쟁이일 것이다.[30]

상황을 호전시키려면 무엇보다도 공산당이 아무짝에도 소용없는 초급진주의에서 벗어나게 하는 것이 필요하다고 트로츠키는 주장했다. "관료적 비타협주의" 정책("노동계급을 설득하지 못하자 강간하려는 시도")은 공동전선 정책에 바탕을 둔 능동적인 전술로 대체돼야만 했다.

대다수 독일 노동계급이 별안간 공세로 전환하도록 하는 것은 어려운 과제다. 1919년 · 1921년 · 1923년의 패배들 그리고 '제3기' 모험들의 결과로, 가뜩이나 강력한 보수적 조직들에 매인 독일 노동자들은 강력한 억제 작용을 하는 구심들을 발전시켰다. 그러나 다른 한편으로, 지금까지 파시즘이 조직 노동자들에게 침투하는 것을 거의 전적으로 저지한, 독일 노동자들의 조직상의 연대는 방어적 투쟁의 가능성을 더할 나위 없이 활짝 열어 놓고 있다. 공동전선 정책은 일반으로 공세보다는 방어에 훨씬 더 효과적임을 명심해야 한다. 더 보수적이거나 후진적인 부문은 새로운 성과물들보다는 자신들이 이미 갖고 있는 것을 지키기

위한 투쟁으로 더 쉽게 이끌린다.[31]

스탈린주의자들은 갖가지 궤변들을 동원해 이 문제를 올바르게 인식하지 못하게 만들었고, 한때는 코민테른의 정책이었던 것*을 '반혁명적 트로츠키주의'라고 얘기했다. 그들은 공동전선이 오직 '아래로부터만' 건설될 수 있다고 주장했다. 다시 말해, 그들은 사회민주당과 조직상으로 단결하는 것을 배제한 채, 사회민주주의당원들을 개별적으로 "적색 공동전선"에 참여시키겠다는 것이다. 그것도 공산당의 지도를 인정하는 경우에만 말이다.

시간이 갈수록 스탈린주의자들은 치명적 환상 — "히틀러 다음에는 우리 차례다"라는 말로 요약되는 — 을 고무했다. 이것은 트로츠키가 거듭해서 강조했듯이 급진적 미사여구로써 수동성과 무기력을 감춘 전망이었다. 트로츠키는 거듭거듭 공동전선이라는 핵심 쟁점으로 되돌아왔다. 그러면서 궤변을 들춰내고, 중상을 무시한 채 문제의 급소를 찔렀다. 다음과 같은 기가 막힌 사례에서 보듯이 말이다.

어떤 소장수가 한번은 황소 몇 마리를 도살장으로 끌고 갔다. 그러자 도살꾼은 날카로운 칼을 들고 황소에게 다가갔다.

---

* 1921~1922년의 공동전선 정책을 말한다.

한 황소가 "힘을 모아 이 도살꾼을 뿔로 받아 버리자"고 제안했다.

마누일스키의 학교에서 정치 교육을 받은 황소들은 "미안하지만 무기로 우리를 위협해 여기까지 데려온 소장수보다 도살꾼이 어떤 면에서 더 나쁘다는 거지?" 하고 반문했다.

"하지만 도살꾼을 처치하고 나면 소장수도 손봐 줄 수 있을 거야!"

도살꾼을 먼저 처치하자고 제안한 황소에게 다른 황소들은 원칙을 굳건히 고수하면서 이렇게 대답했다. "아무것도 하면 안 돼. 너는 왼쪽에서 우리의 적을 보호하려 하고 있어. 너는 사회 도살꾼이야."

그리하여 황소들은 힘을 합치는 것을 거부했다.

— 이솝 우화에서[32]

공산당은 치명적인 노선을 고집했다. 히틀러는 권력을 장악했다. 노동자 운동은 분쇄당했다.

민중전선과 스페인 혁명

히틀러의 승리에 위협을 느낀 소련 지배자들은 당시 여전히 지배적인 위치를 차지하던 서구 열강들인 영국, 프랑스와 군사적 동맹 맺기를 통해 '보험'을 들려 했다. 이제 스탈린 대외 정책의 보조자가 돼 버린 코민테른은 그의 지령대로 급속히 우경화했다. 1935년에 열린 코민테른 7차 대회(마지막 대회이기도 했다)는 혁명이 분명히 일정에 올라 있지 않다는 공개적 시위였다. 7차 대회는 "평화를 지키고 전쟁의 위협에 대항하기 위한 통일된 민중전선"을 요구했다. "평화 보존에 관심을 가진 사람들을 모두 이 공동전선에 끌어들여야 한다."[33]

1918년의 승자들인 프랑스와 영국의 지배계급이 새로운 노선의 적용 대상으로서 평화 보존에 관심을 가진 사람들에 포함됐다.

1936년 5월 코민테른 집행위원회는 다음과 같이 선언했다.

> 오늘날의 상황은 1914년과 다르다. 현재 노동계급과 농민과 근로 민중뿐 아니라 피억압 국가들 그리고 전쟁 때문에 독립이 위협받는 약소국들도 역시 평화를 유지하기로 결의하고 있다. …… 현재 국면에서 많은 자본주의 국가들도 역시 평화 유지에 관심을 갖고 있다. 그래서 제국주의 전쟁의 위험에 맞서 노동계급과 모든 근로 민중 그리고 세계의 모든 국민들을 아우르는 광범한 전선을 창출할 가능성이 존재한다.[34]

물론, 그러한 '전선'은 부득이 제국주의의 현상現狀을 방어하는 것이었다. 이 사실을 감추려고 개혁주의적 미사여구를 한껏 사용해야 했다. 그러한 언사들은 한동안 상당한 성공을 거두었다.

첫 번째 국면에서 단결에 대한 대중의 염원은 공산당한테 막대한 이익을 가져다주었다. 프랑스 공산당의 당원 수는 1934년 3만 명에서 1936년 말에 15만 명으로 증가했고 공산주의청년동맹의 회원 수도 10만 명이나 됐다. 스페인 공산당의 당원 수는 '제3기' 말(1934년)에 1000명을 밑도는 수준이었으나 1936년 2월에 3만 5000명으로 늘어났고 1937년 7월에는 11만 7000명으로 늘어났다. 새로 입당한 당원들은 트로츠키주의자들이 정말로 파시스트의 공작원이라는 흑색선전에 미혹돼 왼쪽에서 하는 비판에 귀를 기울일 수 없었다.

1935년 5월 프랑스-소련 협약이 체결됐다. 7월경에 프랑스 공산당과 사회당SFIO은 프랑스 부르주아 민주주의의 중추 정당인 급진당과 협정을 맺었고, 그리하여 1936년 4월에 이 세 정당들의 '민중전선Front Populaire'이 '집단 안보'와 개혁을 골자로 하는 강령을 내걸고 총선에서 승리를 거두었다. 공산당은 "강하고 자유롭고 행복한 프랑스를 위해"라는 구호를 내걸고 선거운동을 벌여 72석을 획득했고, 그리하여 사회당의 지도자이자 민중전선 정부의 총리인 레옹 블룸이 이끄는 의회 다수파의 핵심 부분이 됐다. 프랑스 공산당 서기장 모리스 토레즈는 다음과 같이 주장할 수 있었다. "우리는 우리의 적들로부터 그들이 우리들에게서 훔쳐가 짓밟은 것을 과감하게 빼앗아 왔다. 우리는 라 마르세예즈[프랑스 국가國歌]와 삼색기[프랑스 국기]를 되찾았다."[35]

좌파가 선거에서 승리한 뒤에 대규모 파업과 점거 농성의 물결 ― 1936년 6월에 노동자들 600만 명이 파업에 참가했다 ― 이 일자, 전에 '혁명적 투쟁의 고양'을 옹호했던 사람들[공산당]이 공장점거 운동을 협소한 한계 내에 억제하고 '마티뇽 협약'에서 합의된 양보 조처들(주요한 것으로는 주당 40시간 노동과 유급휴가)을 받아들이게 함으로써 운동을 끝내려고 애썼다. 그해 말에 공산당은 이제 사회민주주의자 동맹의 오른쪽에 서서 '민중전선'을 '프랑스인의 전선'으로 확대하자고 요구하고 있었다. 민족주의적 근거에서 독일에 강력히 반대하는 일부 우파 보수 세력을 통합시키자는 것이었다.

프랑스와의 동맹이 스탈린의 대외 정책에서 가장 중요했기 때문에 프랑스 공산당이 이러한 정책들을 선구적으로 추진해 나갔다. 그러나 코민테른 전체가 그러한 정책들을 급속하게 채택했다. 1936년 7월 프랑코의 권력 장악 기도에 대응해 스페인 혁명이 분출했을 때 스페인 공산당은 2월 선거에서 승리해 권력을 장악한 스페인 민중전선의 일부로서 전력을 기울여 운동을 '민주주의'의 틀 안에 가두어 두려 애썼다. 소련의 외교 활동과 사회민주주의자들의 도움으로 그러한 노력은 성공했다. 스페인 공산당 일간지 편집자 헤수스 에르난데스는 다음과 같이 선언했다.

> 지금의 노동자 운동이 내전 종식 뒤 프롤레타리아 독재 수립을 목표로 삼는다는 것은 절대로 잘못된 것이다. …… 우리 공산주의자들은 이러한 가정을 최초로 부정한 사람들이다. 우리는 오직 민주공화국을 수호하고자 하는 염원 때문에 투쟁하고 있는 것이다.[36]

스페인 공산당과 그들의 부르주아 동맹들은 이러한 노선을 따라 공화국 정부의 정책을 점점 더 우파적 방향으로 밀고 나갔다. 오랫동안 지속된 내전 과정에서 공산당은 자신보다 좌파적인 정당인 마르크스주의통일노동자당POUM을 맨 먼저 정부에서 축출했다. 트로츠키는 POUM이 민중전선에 참여할 때부터 혹독하게 비판했다. POUM은 민중전선에 참여한 결과 정치적으로 무장해제당하고 공산당한테 '좌파적' 커버를 제공하게 됐다. 공산당은 POUM을 쫓아낸 다음 스페인 사회당 내 좌파 지도자들을 축출했다.

"공화국 질서를 수호하면서 재산을 보호하는 것"[37]은 공화국 스페인에서 좌파에 대항한 공포정치를 불렀다. 그리고 트로츠키가 경고한 대로 이 덕분에 프랑코가 승리할 수 있게 됐다. 1937

년 12월에 트로츠키는 다음과 같이 썼다.

스페인 프롤레타리아는 일급의 군사적 자질을 갖고 있음을 보여 주었다. 스페인의 경제생활에서 차지하는 고유한 비중에서, 또 정치와 문화 수준에서 스페인 프롤레타리아는 혁명의 첫날부터 1917년 초의 러시아 프롤레타리아보다 한수 아래가 아니라 한수 위에 있었었다. 승리로 나아가는 길에서 주로 프롤레타리아 자신의 조직들이 프롤레타리아의 전진을 가로막았다. 지령을 내리는 스탈린주의자 도당들은 자신들의 반혁명적 역할에 어울리게 고용주, 출세주의자, 탈계급화한 인자들, 그리고 일반으로 갖가지 사회적 쓰레기들로 이뤄져 있었다. 다른 노동자 조직들의 대표자들 — 구제 불능의 개혁주의자들, 아나키스트 공론가들, POUM의 가망 없는 중간주의자들 — 은 투덜거리고, 끙끙거리고, 우왕좌왕하고, 책략을 부리다가 결국에는 스탈린주의자들에게 순응했다. 그들이 공동 활동을 한 결과, 사회혁명 진영 — 노동자와 농민 — 은 부르주아지에게, 더 정확히 말하면 부르주아지의 그늘에 묻혀 버렸다. 혁명 진영은 몰락했고 혁명성도 잃어 버렸다.

대중의 영웅적 투쟁이나 개별 혁명가들의 영웅적 행동이 없었던 것은 아니다. 그러나 대중은 자신들의 힘에만 의존해야 했던 한편, 혁명가들은 강령이나 행동 계획도 없이 분산돼 있었다.

'공화국' 군대의 지휘관들은 군사적 승리를 이룩하는 것보다는 사회혁명을 분쇄하는 것에 더 많은 관심을 기울였다. 병사들은 더는 지휘관들을 신뢰하지 않았고, 대중은 정부를 믿지 않았다. 농민들은 한켠에 비켜섰고 노동자들은 기진맥진해져서 패배에 패배를 거듭해 갈수록 사기가 저하했다. 이 모든 것은 내전의 초기부터 예상할 수 있는 것이었다. 자본주의 체제의 구출을 과제로 설정함으로써 민중전선은 군사적 패배를 자초했다. 볼셰비즘을 거꾸로 세움으로써 스탈린은 혁명의 무덤을 파는 자 노릇을 완전히 성공적으로 했다.[38]

오늘날 '제3기' 스탈린주의 노선을 옹호하는 사람은 거의 없다(전에 마오주의자들이었던 소종파들을 제외하면 말이다). 민중전선은 전혀 별개 문제다. 시간과 공간의 차이를 인정한다고 할지라도 '유러코뮤니즘'과 이른바 '역사적 타협'이 민중전선과 본질적으로 어떠한 차이가 있는가? 더욱이, 형식상의 기준으로 유러코뮤니즘 경향보다 분명히 왼쪽에 있는 사람들이 '영-소 노동조합위원회' 하에서 공산당이 범했고 트로츠키가 비판한 것과 본질적으로 똑같은 오류들[좌파 노조 지도자들에 대한 환상]을 되풀이한다.

따라서 이러한 문제들은 역사적이면서도 직접적으로 실천적인 관심사다. 이러한 중대한 문제들과 관련한 전략과 전술에 대해 트로츠키가 쓴 저작들은 진정한 보고寶庫다. 아무런 과장을 하지 않고 말하건대, 1923년 이래 어느 누구도 트로츠키 저작들의 명석함과 심오함에 견줄 만한 저작을 저술하지 못했다. 그 저작들은 오늘날의 혁명가들에게 정말로 필수불가결한 것이다.

4장
당과 계급

노동계급의 해방은 노동계급 자신의 행위여야 한다고 마르크스는 확고하게 말했다. 그러나 그는 지배계급이 '정신적 생산의 수단들'도 지배하고 있어서 '어느 시대든 지배적 사상은 지배계급의 사상'이라고도 주장했다.

이러한 모순 때문에 혁명적 사회주의 정당이 필요하다. 그 당의 성격, 그리고 무엇보다도 그 당과 노동계급의 관계의 성격은 처음부터 사회주의 운동에 가장 중요했다. 그것은 결코 '기술적인' 조직 문제일 뿐인 것이 아니었다. 당과 계급의 관계에 관한 논쟁 — 따라서 당의 성격에 관한 논쟁 — 은 각각의 단계에서 운동의 목표에 관한 논쟁이기도 했다. 언제나 수단에 관한 논쟁은 부분적으로 목적에 관한 논쟁이었고, 이는 불가피했다. 그래서 이 문제를 놓고 마르크스가 프루동, 샤퍼, 블랑키, 바쿠닌, 그 밖의 다른 많은 사람들과 벌인 충돌은 사회주의의 성격과 사회주의를 이루는 수단에 관한 견해 차이들과 떼려야 뗄 수 없게 서로 연관돼 있었다.

1883년 마르크스 사후, 특히 그 12년 뒤인 엥겔스 사후에 사회주의 정당들이 대규모로 성장했다. 러시아에서는 어떠한 당을 건설해야 하느냐는 문제를 둘러싼 근본적 갈등이 싹텄다.

트로츠키가 혁명적 정당의 성격에 관해 처음에 지녔던 생각은 나중에 기묘하게 '레닌주의적'인 것으로 여겨지게 된다. 아이작 도이처에 따르면[1], 실제로 트로츠키는 1901년 시베리아에서 유형 생활을 하고 있는 동안에 레닌과는 독립적으로 이러한 관점을 주장했다. 어쨌든 그는 〈이스크라〉의 초창기 지지자가 됐고, 1903년에 열린 러시아 사회민주노동당 대회에서 매우 중앙집권적인 조직을 강력하게 옹호하는 발언을 했다. "우리의 규칙들은 …… 당의 모든 부분에 대한 당의 조직적 불신, 다시 말해 당의 모든 지역 · 지구 · 전국 · 여타 조직들에 대한 당의 제어권을 표현한다."[2]

그는 당대회에서 이스크라파가 분열했을 때 멘셰비키 편에 가담한 뒤 격렬한 어조로 이러한 주장을 철회했다. 1년도 채 안 돼 볼셰비키의 중앙집권제에 대한 두드러진 비판자가 된 것이다. 1904년에 그는 이렇게 썼다. "레닌의 방법은 다음과 같은 결과를 낳는다. 즉, 당 조직이 당을 대신하고, 중앙위원회가 당 조직을 대신하고, 마침내 한 사람의 '독재자'가 중앙위원회를 대신한다."[3]

로자 룩셈부르크와 마찬가지로 트로츠키는 '당의 보수성' 일반을 경계했고 노동계급의 자발적 행동에 크게 기댔다.

> 유럽의 사회주의 정당들 — 특히 그중 가장 강력한 독일 사회민주당 — 은 자신의 영향을 받는 대중의 규모, 조직의 효율성, 그리고 당의 규율에 비례해 보수성을 발전시켰다. 따라서 사회민주주의는 노동자들과 부르주아지가 공공연한 충돌로 나아가는 것을 가로막는 장애물이 될 수도 있다.[4]

트로츠키는 혁명의 자정작용自淨作用이 이러한 보수성을 극복할 수 있게 해 줄 것으로 기대했다. 그는 1905년 혁명의 영향을 크게 받고 쓴 글에서 혁명의 자정작용은 "당의 지루하게 되풀이되는 판에 박힌 일들을 끝장내어 당의 보수성을 파괴한다"[5]고 말했다. 따라서 당의 역할은 본질적으로 선전으로 단순화된다. 당은 노동계급의 전위가 아니게 되는 것이다.

물론 그의 우려를 정당화해 줄 만한 근거가 적잖이 있었다. 러시아의 볼셰비키당조차 1905~1907년에, 그리고 1917년에 다시 보수성을 드러냈다.[6] 노동계 관료의 특권이라는 형태로 [러시아보다] 보수성의 물질적 기반이 비할 데 없이 더 큰 서구 사회민주주의 정당들은 1918~1919년에 보수적이다 못해 결정적인 반혁명적 구실을 했다.

긴밀한 정당 연계가 없는 개인이던(당시에 명목상 멘셰비크였지만 기본적으로는 프리랜서였다) 트로츠키는 자신이 비범한 구실을 한 1905년의 경험을 통해 자발적 대중행동으로도 충분하다는 생각을 굳혔음에 틀림없다.

1906년 이후의 반동기에도, 심지어 1912년 이후 러시아 노동운동의 고양기에도 트로츠키는 계속해서 볼셰비키의 '대리주의'를 비판하고 본질적으로 볼셰비키에 맞서 모든 경향들의 통합을 설교했다. 이것은 그가 1920년 이후 진짜 대리주의의 위험을 뒤늦게 알아차리게 만드는 데 일조했던 듯하다.

사건의 전개 과정은 당에 관한 트로츠키의 1904~1917년 견해가 옹호될 수 없는 것임을 입증했다. 뒷날 트로츠키는 레닌이 없었다면 10월 혁명도 없었을 것이라고 썼다. 그러나 그것은 그저 레닌이 1917년 4월 핀란드 역에 도착했다는 것만을 뜻하는 것이 아니다. 그것은 레닌과 그의 협력자들이 1917년 이전 시기에 건설해 온 당에 관한 문제였다. 레닌의 권위와 결단이 없었다면 많은 당 지도자들 사이에 만연한 보수성(그런데 이 보수성은 레닌이 그토록 오랫동안 옹호해 온 '민주주의 독재'라는 이론 체계를 통해 강화됐다는 사실을 짚고 넘어가야 한다)으로 십중팔구 권력을 장악하지 못했을 것이다. 모든 약점에도 불구하고 그 당이 없었다면 권력 문제는 제기될 수조차 없었다. 자발적 대중행동은 때때로 권위주의 체제를 무너뜨릴 수 있다. 1917년 2월 러시아, 1918년의 독일과 오스트리아-헝가리 제국에서 그런 일이 일어났고, 그 뒤로도 그런 일이 종종 있었고, 가장 최근에는 이란에서 그러한 일이 일어났다.

1917년, 트로츠키는 노동자들이 권력을 장악하고 유지하려면 레닌이 건설한 것과 같은 종류의 당이 꼭 필요하다는 견해를 받아들였다. 그 뒤로 그의 생각은 결코 흔들리지 않았을 뿐더러, 오히려 그 견해를 그 특유의 예리함으로 표현했다. 1932년에 그는 "계급의 이익이 당의 이익에 우선한다"는 주장을 다음과 같이 반박했다.

> 계급은 그 자체로만 보자면 착취의 재료일 따름이다. 프롤레타리아는 즉자적 사회계급에서 정치적인 대자적 계급으로 바뀔 때만 독립적인 구실을 하는 것이다. 당을 매개로 하지 않고서는 이 변화가 일어날 수 없다. 당은 계급이 계급의식적이 되는 수단인 역사적 기관이다. '계급이 당보다 우위에 있다'고 말하는 것은 자연 그대로의 계급이 계급의식을 획득하고 있는 계급보다 우위에 있다고 주장하는 것이다. 그것은 틀린 주장일 뿐 아니라 반동적인 주장이기도 하다.[7]

이러한 생각에는 몇 가지 아주 명백한 난점이 도사리고 있다.

특히 역사적 경험은 어떤 노동계급이 계급의식을 성취하는 데 수단인 '역사적 기관'이 변질될 수도 있음을 보여 주었다. 그렇다면 어떻게 당 조직을 지킬 수 있을까?

역사적으로 좌우되는 도구

트로츠키는 이 문제를 잘 알고 있었다. 그는 1914년에 제2인터내셔널의 와해를 목격했고, 1918~1919년에는 사회민주주의가 직접적으로 반혁명적 구실을 하는 것을 목격했고, 물론 스탈린주의의 등장도 보았다.

앞서 인용한 구절은 다음과 같이 계속된다.

> 계급의식을 향한 계급의 진보, 즉 프롤레타리아를 지도하는 혁명적 정당의 건설은 복잡하고 모순된 과정이다. [노동]계급 자체는 동질적이지 않다. 계급의 상이한 부분들은 서로 다른 길을 밟아, 서로 다른 시기에 계급의식에 도달한다. 부르주아지는 이 과정에 적극 개입한다. 부르주아지는 노동계급 내에 자기네 기구들을 새로 창출하거나 기존 기구들을 이용함으로써 노동계급 안의 일부 계층을 다른 계층과 대립하게 만든다. 프롤레타리아 내부에서는 몇 개의 정당이 동시에 활동한다. 따라서 정치적 여정

의 대부분 기간에 프롤레타리아는 정치적으로 분열한 채로 있게 된다. 바로 그래서 공동전선 문제 — 특정 시기에는 훨씬 첨예하게 제기되는 — 가 생긴다. 프롤레타리아의 역사적 이해관계를 표현하는 것은 공산당이다. 공산당의 정책이 올바를 경우에 말이다. 공산당의 임무는 프롤레타리아의 다수가 자기에게 동조하게 만드는 것이다. 그래야만 사회주의 혁명도 가능하다. 공산당은 노동계급 안팎의 다른 정당이나 조직에 대해 자신의 정치적·조직적 독립성을 완전히 그리고 무조건 유지하지 않고서는 자신의 사명을 완수할 수 없다. 마르크스주의 정책의 이 기본 원칙을 위반하는 것은 프롤레타리아의 계급 이익을 침해하는 가장 흉악한 범죄를 저지르는 것이다. …… 그러나 프롤레타리아는 학교에서 학점을 취득함으로써가 아니라, 중단을 싫어하는 계급 투쟁을 통해서 혁명적 의식으로 나아간다. 투쟁하려면 프롤레타리아는 구성원들이 단결해야 한다. 이것은 파시즘을 패퇴시키기 위한 '전국적인' 정치 투쟁뿐 아니라 한 공장의 담벽 안에서 벌어지는 부분적인 경제 투쟁에도 적용된다. 따라서 공동전선 전술은 우연적이거나 인위적인 어떤 것 — 교묘한 계책 — 이 결코 아니다. 공동전선 전술은 전부 프롤레타리아의 [정치적] 발전을 지배하는 객관적 조건들에서 비롯하는 것이다.[8]

놀라울 정도로 명료하고 논리 정연하고 현실적인 이 분석은,

물론 시대를 추월한 사회학적 일반화가 아니었다. 이 분석은 현실의 역사 전개에 근거한 것이었다. 제2인터내셔널 가입 정당들은 인터내셔널 와해 전에

> 혁명의 길로 나아가는 데 반드시 필요한 …… 노동자 민주주의의 보루들[노동자 조직들, 특히 노동조합들]을 부르주아 국가 내에 창출하는 데 일조했다. 아직은 자신의 진보적인 역사적 과업을 다하고 있던 시기에 제2인터내셔널이 한 일은 그러한 보루들을 창출하는 것이었다.[9]

제2인터내셔널 가입 정당들은 각자가 활동하는 사회에 적응함으로써 결국 속으로 썩어 들어갔다. 물론 이렇게 되는 데는 이데올로기뿐 아니라 물질적 토대도 있었다. 1914년 8월의 시험에 직면해 그들은 '자국' 부르주아지에게 투항하거나 애매한 '중간주의' 입장(이탈리아 당, 스칸디나비아 당, 미국 당, 그 밖의 다른 지역의 여러 소수민족 정당들)을 취했다(볼셰비키, 불가리아 당, 세르비아 당 같은 몇몇 예외도 있었다). 그러한 투항으로 당내 충돌이 일어나 분열로 이어졌고, 1916년 이후의 노동계급 반전운동 고양과 1917~ 1918년의 혁명들을 겪으면서 "바뵈프에서 카를 리프크네히트와 로자 룩셈부르크로 이어지는 오랜 혁명가 세대들의 영웅적 노력과 순교를 직접 계승"[10]한 코민테른이 탄생했다.

이제 코민테른이 "계급이 계급의식적이 되는 수단인 역사적 기관"이 됐다. 코민테른 소속 정당들은 특히 1923년부터 스탈린과 그를 지지하는 소련 내 집권 세력의 지도하에 일련의 큰 실수들을 저질렀고(물론 트로츠키는 그들이 초기에 저지른 과오들을 알고 있었다), 기회주의 또는 종파주의 정책들을 점점 더 자주 따랐다. 하지만 그 모든 결함에도 코민테른은 더는 가설이 아니라 실재였다. 그것도 세계 도처의 무수히 많은 사람들의 지지와 공감을 얻고 있던 실재였다. 바로 그러한 결함들이야말로 역설이게도 인터내셔널이 참으로 대중조직이라는 것을 왜곡된 방식으로 보여 주는 것이었다. 트로츠키는 코민테른의 대형 정당들을 그저 소련 스탈린파 관료의 도구로만 여기는 지나치게 단순한 견해에 동의하지 않았다. 문제는 그들의 진로를 바로잡는 것이었다. "공산당을 주시하라. 우리는 공산당에게 설명해야 한다. 우리는 공산당을 설득해야 한다."[11]

당의 내부 체제가 민주적이어야 함은 정치적 필요다. 트로츠키는 1931년에 이렇게 말했다.

> 당내 투쟁은 당을 단련시키고 당의 진로를 명확하게 밝혀 준다. 이러한 투쟁을 통해 모든 당원은 당 정책의 올바름과 지도부의 혁명적 신뢰성을 확신하게 된다. 경험과 이데올로기 투쟁을 통해 얻은 볼셰비키 평당원들의 그러한 확신만이 지도부에게, 필

요한 순간에 당 전체를 투쟁으로 이끌 기회를 제공한다. 그리고 당의 정책이 옳다는 것을 당 자체가 확신해야만 노동 대중에게 당에 대한 신뢰감을 불어넣을 수 있다. 밖에서 강요한 인위적 분열, 자유롭고 솔직한 이데올로기 투쟁의 부재 …… 바로 이것이 지금 스페인 공산당을 마비시키고 있는 것이다.[12]

그의 이러한 주장은 다른 공산당들에도 일반으로 적용됐다. 그러나 그것은 그리 간단한 문제가 아니었다. 1929년에 소련에서 추방당한 직후 트로츠키는 자기가 생각한 기본 문제들(영-소 노동조합위원회와 중국 혁명과 '일국사회주의'에 대한 태도)을 유럽 좌익반대파 지지자들을 위해 개괄적으로 이렇게 설명했다.

어떤 동지들은 내가 여기서 당 체제 문제를 언급하지 않아서 놀라워할는지도 모르겠다. 깜빡해서 그러는 게 아니라 의도적으로 그러는 것이다. 당 체제는 결코 독립적, 자기완결적 의미를 지니지 못한다. 당의 정책과 관련하면 당 체제는 파생적인 의미를 갖는다. 스탈린주의 관료에 대항하는 투쟁에 공감을 나타내는 인자들은 더할 나위 없이 이질적이다. …… 마르크스주의자는 당내 민주주의나 나라의 민주주의를 추상적으로 보지 않는다. 언제나 민주주의는 살아 움직이는 세력들의 투쟁에 좌우된다. 기회주의적 인자들은 혁명적 중앙집권제를 …… 관료주의로 이해

한다. 그들이 우리와 생각을 같이하는 자들일 수 없음은 두말할 나위도 없다.[13]

1917년 이후의 트로츠키 저작들과 1929년이나 1934년 이후의 저작들까지 꼼꼼히 살펴보면 어떤 때는 당내 민주주의의 장점들을 찬양하고 비판자들에게 취해진 '행정적' 조치들을 비난하고, 다른 때는 숙청과 축출의 필요성을 주장하는 서로 다른 진술들을 발견할 수 있다. 이것은 진술의 전후 문맥을 고려하지 않은 채 따로 떼어 내어 인용해 생기는 문제가 아니다. 트로츠키는 중앙집권제와 당내 민주주의의 관계를 변함없는 것으로 보지 않았다. 문제는 변화하는 구체적 상황에서 [중앙집권제와 당내 민주주의] 각각의 정치적 내용이었다. 트로츠키는 1932년 말쯤 이렇게 썼다.

당내 민주주의의 원칙은 결코 문호 개방의 원칙과 같은 것이 아니다. 좌익반대파는 스탈린주의자들에게 당을 분파 · 계파 · 종파 · 개인들의 기계적 합으로 변모시키라고 요구한 적이 없다. 우리는 중간주의 관료가 본질적으로 잘못된 정책을 계속 추진하고 있음을 비판한다. 그들의 정책 때문에 그들은 번번이 프롤레타리아 최상의 부분과 모순된 처지에 놓이게 된다. 우리는 또한 중간주의 관료가 당내 민주주의를 질식시켜 이러한 모순에서 벗어나려 하는 것을 비판한다.[14]

이 말은 애매하게 들릴 수도 있다. 사실, 순전히 형식적으로 보면 이 말은 정말로 애매하다. 그러한 모순의 해결책은 당 발전의 동역학에서 찾아야 한다. 트로츠키는 점점 더 많은 노동자층과의 호혜적인 상호작용 과정을 통하지 않고서는 당이 단순한 숫자[쪽수]와는 대비되는 진정한 대중적 영향력이라는 면에서 성장할 수 없다고 보았다. 바로 이것, 즉 더 많은 노동자층과의 상호작용을 위해 당내 민주주의가 꼭 필요하다. 당내 민주주의는 계급의 경험을 당내로 피드백 하는 수단을 제공한다. 그러한 상황 전개가 언제나 가능한 것은 아니다. 객관적 조건들이 여의치 않아 그러한 성장이 불가능할 때도 흔하다. 그러나 당은 그러한 가능성에 언제나 대비해야 한다. 그렇지 않으면 당은 때때로 다가오는 기회들을 붙잡을 수 없을 것이다.

따라서 당의 체제는 언제나 되도록 개방적이고 융통성 있어야 하고, 이는 당의 혁명적 올곧음을 보존하는 것과 조화를 이뤄야 한다. 조건이 중요하다. 불리한 상황에서는 당과 선진 노동자층의 유대가 약화돼 '분파 · 파벌 · 종파' 문제가 중대하고, '분파 · 계파 · 종파' 문제는 당내 민주주의의 증진에 장애가 될 수 있다. 트로츠키가 말한 당내 민주주의는 본질적으로 당이 더 넓은 노동자층과 소통하고, 그들에게서 배우고, 그들을 이끌 권리를 얻는 메커니즘이기 때문이다.

이러한 주장은 어쩌면 너무 추상적일 수 있다. 구체적으로 이해하려면 트로츠키 ≪러시아 혁명사≫의 다음 구절을 숙지하라(2월 혁명 이후 레닌이 당 지도부 다수한테서 고립돼 있던 상황을 논의하는 부분이다).

> [1917년 4월에] 구볼셰비키에 대항해 레닌은, 이미 단련됐으면서도 더 신선하고 대중과 더 긴밀하게 결합돼 있는 다른 당원층에서 지지를 구했다. 다들 알다시피, 노동자 볼셰비키가 2월 혁명에서 결정적 구실을 했다. 그들은 승리를 얻은 계급이 권력을 장악해야 한다는 것을 자명한 사실로 생각했다. …… 도처에 최대요구파maximalism나 심지어 아나키스트로 비난받는 좌파적 볼셰비키가 있었다. 이들 노동자 혁명가들에게 결여된 것은 단지 자신들의 입장을 옹호할 이론적 역량뿐이었다. 하지만 그들은 최초의 명확한 호소에 기꺼이 응답할 태세가 돼 있었다. 지금 레닌이 기대고 있는 것은 바로 이 노동자층, 즉 1912~1914년의 투쟁 고양기에 벌떡 일어선 그들이었다.[15]

그 귀감은 트로츠키의 저작에 거듭 등장한다. 종파와 달리 대중정당은 엄청나게 강력한 힘에 타격을 입기 마련이다. 혁명 상황에서는 특히 그렇다. 그러한 힘은 반드시 당내에도 반향을 일으키기 마련이다. 당이 계속 전진하려면(실제로는, 변화하는 상황 속에서 끊임없이 진로를 변경해야 한다) 지도부, 다양한 간부층, 이들과 영향을 주고받는 노동자들 사이의 복잡한 관계가 당내 정치투쟁으로 표출돼야 한다. 만일 당내 정치투쟁이 행정 수단을 통해 인위적으로 질식된다면 당은 길을 잃고 헤맬 것이다.

이전 투쟁들에서 선발된 지도부의 필수적 구실은 불리한 외부 압력으로 조직의 중추 세력이 와해되지 않고 보존되도록 외부 압력에 대해 자체 결속을 굳히는 중앙집중을 강조할 때와, 조직을 개방하고 당의 내부와 외부의 선진 노동자층을 활용해 간부층과 지도부의 당 중심적 보수성을 극복하고 신속한 진로 변경을 하는 민주주의를 강조할 때를 아는 것이다.

이 모든 논의에는 리더십의 구실을 매우 크게 보는 것이 함축돼 있는데, 1917년 이후의 트로츠키는 분명 리더십을 이렇게 이해하고 있었다. 그리하여 그는 1938년에 "인류의 역사적 위기는 혁명적 리더십의 위기로 단순화된다" 하고 확언했다. 그러나 혁명적 리더십이라는 개념은 현실의 계급투쟁에서 당이 얻는 경험들 속에서 지도적 간부가 유기적으로 성장한다는 개념이다. 물론 지도적 간부는 전통과 과거의 경험('바뵈프에서 룩셈부르크에 이르는'), 즉 많은 세월에 걸쳐 상이한 시기에 많은 나라들에서 검증된 전략과 전술에 대한 지식을 구체화해야 한다. 전략 · 전술에 대한 지식은 대부분 불가피하게 이론적인 것이었고 트로츠키는 그러한 지식을 과소평가하지 않았다. 전략 · 전술 지식은 성공적인 지도력을 위한 필요조건이기는 하지만 충분조건은 아니다. 당이 행동 속에서 얻는 경험과, 다양한 노동자 부문들과의 변화하는 관계에서 얻는 경험이 추가로 필요하다. 그런데 이러한 경험들은 실천 속에서만 발전할 수 있는 무엇과도 바꿀 수 없는 요소다.

변칙

트로츠키의 생애에는 오직 하나의 공산당, 즉 소련 공산당만이 국가권력을 장악하고 있었다(1930년대에 중국 공산당이 지배하던 일부 지역을 제외하면 말이다).

트로츠키는 공산당들을 모두 "관료적 중간주의" 조직, 즉 혁명적 정치와 개혁주의 정치 사이에서 흔들리는 노동자 조직으로 분류했다. 1935년 이후 공산당들이 민중전선 노선을 채택하자 트로츠키는 그들이 '사회애국적'이 됐다고, 즉 "부패하고 있는 자본주의의 소심한 대리인"[16]이 됐다고 결론지었다.

그러나 이러한 표현들은 노동자 조직들, 즉 자국 노동계급 운동 속에서 다른 정당들과 지지를 얻기 위한 경쟁을 해야 하는 정당들을 가리키는 말들이다. 소련 공산당은 적어도 1929년 이후로는 결코 그러한 당이 아니었다. 소련 공산당은 관료 기구이자 전체주의 독재의 도구였다. 트로츠키는 이 점을 부분적으로 인정했다. 그는 1930년에 이렇게 썼다. "오늘날 그 당[소련 공산당]

은 당다운 당으로 존재하지 않는다. 중간주의 [관료] 기구가 그 당의 발전을 저해했다."[17] 하지만 그가 내린 결론은 소련 공산당이 소련 밖에 있는 노동자 당들과 **근본적으로** 종種이 다르다는 것이다.

심지어 그가 소련 체제의 평화적 개혁에 대한 희망을 포기한 (1933년 10월) 뒤에도 이러한 혼동은 남아 있었다. 물론 이러한 혼동은 비록 개혁이 불가능해도 소련은 여전히 변질된 노동자 국가라는 그의 확신과 연관돼 있었다.

이 문제는 트로츠키 사후 몇 년 만에 중요해졌다. 일단의 신생국들에서 스탈린 체제가 생겨났기 때문이다. 이 체제들은 프롤레타리아 혁명을 통해 생겨난 것도 아니거니와, 집권 '공산당'들은 트로츠키의 개념으로 봐도 명백히 노동자 정당이 아니었다. 이 모순은 이미 트로츠키 자신의 1933년 이후 입장에 내재해 있었다.

연속성의 파괴

앞서 우리는 당과 계급의 관계에 대한 트로츠키의 원숙한 이해가 추상적이거나 자의적이지 않고, 러시아 볼셰비즘의 경험과 여러 주요국들에서 대중적 공산당을 낳은 실제 역사 전개를 모두 바탕으로 한 것임을 살펴봤다.

그러나 만약 그러한 당의 발전이 난관에 부딪힌다면 어떻게 될까? 만일 "역사적으로 좌우되는 도구"가 시험을 통과하지 못한다면 어떻게 될까? 트로츠키는 그러한 가능성에 관해 숙고했지만 결국 그러한 가능성을 단호히 부정했다. 그는 1931년에 이렇게 말했다.

> 우리의 생각을 분명히 하고자 다른 사례, 좀 더 먼 곳의 사례를 들어 보자. '좌익 공산주의자'를 자처하는 후고 우어반스는 독일 공산당이 파탄났다고, 즉 정치적으로 끝장났다고 선언하면서 신당 창당을 제안한다. 우어반스가 옳다면 파시즘의 승리가 확실하다는 뜻이 될 것이다. 신당 창당에는 여러 해가 걸리기 때문이다(그런데 우어반스의 당이 어떤 점에서든 텔만의 당보다 나을 것이라는 증거는 여태 없는 데다 우어반스가 당 리더였을 때 [현재의 텔만] 못지 않게 많은 과오를 범했다). 그렇다, 파시스트가 실제로 권력을 장악한다면 그것은 공산당의 물리적 파괴뿐 아니라 [공산당의] 진정한 정치적 파산을 뜻할 것이다. …… 따라서 파시스트의 권력 장악은 십중팔구 혁명적 신당 창당과 십중팔구 새 인터내셔널 창립이 필요함을 뜻하게 될 것이다. 파시스트의 권력 장악은 끔찍한 역사적 재앙일 것이다. 그러나 오늘날 이 모든 것을 피할 수 없는 일로 여기는 것은 당을 진짜로 청산하자는 사람들만이

할 수 있는 일이다. 공허한 언사 뒤에서 실제로는 투쟁에 직면해 투쟁도 하지 않고 비겁하게 서둘러 투항하는 겁쟁이들이다. …… 우리는 파시스트를 이길 수 있다고 굳게 확신한다. 파시스트의 권력 장악 이후나 파시스트 통치 5년, 10년, 20년 후가 아니라 바로 지금, 주어진 조건하에서 앞으로 몇 달이나 몇 주 안에 말이다.[18]

그러나 히틀러는 실제로 권력을 잡았다. 트로츠키의 탁월하고 설득력 있는 주장에도 불구하고, 당원이 25만 명에다 선거(1932년)에서 600만 표나 얻은 독일 공산당은 파멸의 길로 치달았다. 독일 공산당은 저항도 해보지 않고 분쇄당했다. 그들이 '사회파시스트들'◆이라고 [터무니없이] 부른 사회민주당과 함께 말이다. 또, 독일 노동계급이 이전 60년 동안 창출한 노동조합과 모든 정치·문화·사회 단체들도 함께 박살났다.

트로츠키는 1931년에 독일을 "국제 정세의 열쇠"라고 표현한 바 있다. "앞으로 여러 해 동안 독일 자신의 운명뿐 아니라(이미 큰일이다) 유럽의 운명, 아니 전 세계의 운명이 독일의 위기가 해결되는 과정에 달려 있을 것이다."[19]

이 예측은 정확했다. 독일 노동계급의 패배로 세계 정치는 일

◆ 사회민주당을 스탈린주의자들은 이렇게 규정했다.

변했다. 공산당이 저항해 보려고 하지도 않은 것은 1914년 사회민주주의의 투항과 맞먹는 심대한 타격이었다. 말하자면 이것은 코민테른의 8월 4일이었다.◆

그렇다면 "[노동]계급이 계급의식적이 되는 수단인 역사적 기관"에 무엇이 남는가? 1933년부터 1940년 8월 사망 때까지 트로츠키는 당시에 그리고 그 뒤로도 오랫동안 해결할 수 없는 딜레마로 드러난 문제와 씨름했다. 1932년 6월 트로츠키는 이렇게 말했다.

> 스탈린주의자들은 박해를 통해 우리를 제2의 당과 제4인터내셔널을 건설하는 길로 내몰고 싶어 한다. 그들은 좌익반대파가 이러한 종류의 치명적 실수를 저지른다면 여러 해 동안 성장이 늦춰질 것임을 알고 있다. 반대파가 거둔 성공이 모두 무효가 되지는 않더라도 말이다.[20]

그러나 그로부터 일년도 채 지나기 전에 트로츠키는 독일 공산당이 끝장났음을 시인하지 않을 수 없었다. 또 그 얼마 뒤에는 (1933년 4월 코민테른 집행부가 코민테른의 독일 정책은 "완전히 옳은 것이었다" 하고 선언한 뒤) 모든 공산당들이 혁명적 조직으로서는 끝장

◆ 독일 사회민주당은 1914년 8월 4일 의회에서 전쟁공채 법안에 찬성표를 던졌다.

났고 "새로운 공산당과 새로운 인터내셔널"(1933년 7월 27일치 논설의 제목)이 필요함을 인정하지 않을 수 없었다.

이론과 실천은 서로 괴리돼 있었다. 1917년 이전, 트로츠키는 당 중심적 보수성을 극복하고자 노동계급의 자발적인 행동에 기댔다. 1917년 이후, 그는 혁명적 노동자들의 당을 사회주의 혁명의 필수 도구라고 인정했다. 노동계급에 기반을 두고, 원숙하고 경험이 풍부한 간부를 가진 이러한 당이 없어서 그만 1918~1919년 독일 · 오스트리아 · 헝가리의 혁명적 대중운동과 여타 지역의 자발적 대중투쟁의 패배라는 비극이 연출됐다.

[그런데] 그러한 결핍을 극복하기 위한 수단인 코민테른 가입 정당들 자신이 새로운 심각한 사회 위기의 혁명적 해결에 걸림돌이 되는 지경으로 전락해 버렸다.

다시 시작해야 했다. 그러나 무엇을 가지고 시작한다는 말인가? 기본적으로 소규모(흔히 매우 소규모) 조직밖에 없었다. 게다가 이 조직들은 모두 현실의 노동자 운동에서 고립되고 노동자 투쟁에 대한 직접적 관여에서 격리돼 있었다. 부분적으로는, 이러한 일반화의 분명한 예외 — 조직원 수가 수십 명 정도가 아니라 수백 명이나 수천 명이 되는 — 로서 그리스의 아르케이오마르크시스트들,* 네덜란드의 혁명적사회주의노동자당RSAP, 그리고

* 이들은 1924년 그리스 공산당에서 뛰쳐나와 〈마르크스주의의 기록들〉(Archives of Marxism)이라는 신문을 중심으로 모인 조직이었다. 그래서 이들을

얼마 뒤에 부상한 스페인의 마르크스주의통일노동자당POUM이 있었다. 그러나 이들은 모두 연약한 갈대임이, 즉 혁명가들이라기보다는 중간주의자들임이, 지지자들이라기보다는 장애물임이 드러났다.

트로츠키는 그러한 세력들로 재건을 시작했다. 그에겐 선택의 여지가 없었다. 무저항으로 후퇴한다거나 뒷날 "서구 마르크스주의"라고 불린 위장된 무저항을 선택 사항에 포함하지 않는다면 말이다. 그러나 수단과 목적은 떼려야 뗄 수 없게 뒤얽혀 있는 것이다. 현실의 노동자 운동과 유리되면서 '트로츠키주의'는 트로츠키의 생애 동안에조차 그것의 현실적 환경 — 중간계급의 소수 급진적 식자층 — 에 적응하기 시작했다. 앞으로 보겠지만, 트로츠키 자신은 이러한 적응에 반대해 오랫동안 투쟁했다. 하지만 불가피한 상황에 잔인하게 내몰려 트로츠키는, 자신의 의지와 인식을 거슬러 그러한 적응에 일조하는 입장들을 받아들이지 않을 수 없었다.

새 인터내셔널

설령 전 세계의 공산당 좌파가 오로지 개인들 다섯 명으로 이루

Archeio-Marxists라 불렀다.

어져 있다손 치더라도 그들은 하나 이상의 일국 조직을 건설하는 동시에 국제 조직을 건설하지 않을 수 없을 것이다. 일국 조직을 초석으로 보고 인터내셔널을 지붕으로 보는 것은 잘못이다. 둘의 상호관계는 종류가 완전히 다르다. 마르크스와 엥겔스는 1847년에 국제 문서를 발표하고 국제 운동을 탄생시킴으로써 공산주의 운동을 시작했다. 똑같은 일이 제1인터내셔널의 창설에서도 되풀이됐다. 제3인터내셔널을 준비하던 치머발트 좌파도 이와 똑같은 길을 걸었다. 오늘날에는 마르크스의 시대보다 훨씬 더 절박하게 이 길이 강요되고 있다. 물론 제국주의 시대에 혁명적 프롤레타리아 경향은 나라별로 생겨날 수 있다. 하지만 그러한 경향은 고립된 일국에서는 생존해 발전할 수 없다. 그러한 경향은 형성된 바로 그 다음날부터 국제적 유대, 국제적 강령을 추구하거나 만들어 내야 한다. 왜냐하면 오로지 이 길을 통해서만 일국적 정책의 올바름이 보장될 수 있기 때문이다. 오랜 세월에 걸쳐 일국의 틀 안에 고립돼 있는 경향은 돌이킬 수 없는 변질의 길로 접어들고 만다.[21]

트로츠키는 보르디가가 이끄는 이탈리아의 초좌파적 종파와 논쟁하면서 위의 글을 썼다. 당시에 그는 기존 공산당들을 개혁하려는 정책에 여전히 헌신하고 있었고 기존 인터내셔널에 초점을 맞추는 국제적 분파를 건설하고 있었다. 그런 견해의 논리는 그 견해를 뒷받침하는 데 동원된 주장들과 달리 반박할 수 없는 듯했다.

트로츠키의 입장을 뒷받침하는 데 동원된 주장들은 비판적 검토를 견뎌 낼 수 없을 것이다. 마르크스와 엥겔스는 '국제 운동의 창출'로 시작하지 않았다. ≪공산당 선언≫은 기존 공산주의자동맹(비록 매우 소박한 공산주의 사상을 갖고 있었지만)을 위해 쓰였다. 공산주의자동맹은 네댓 나라에 존재한다는 의미에서만 국제적이었다. 그 조직은 라인란트와 독일령 스위스에서 활동하던 단체들뿐 아니라 파리, 브뤼셀, 그 밖의 다른 지역에 거주하는 독일인 이주민 장인과 지식인들로 이뤄진 본질적으로 독일인 조직이었다.

제1인터내셔널은 자유주의자들의 영향을 받고 있던 기존 영국 노동조합 조직들과 프루동주의자들의 영향을 받고 있던 기존 프랑스 노동조합 조직들 사이의 동맹으로 시작됐다. 그리고 나중에 아주 다양한 성격과 국적의 다른 단체들을 끌어들였다. 제1인터내셔널은 공산주의자동맹의 경험을 '되풀이'했기는커녕 정반대 방식으로 발전했다. 즉, 창립의 기초가 되는 강령이나 중앙집권적 조직이 없이 발전했다. 정도는 훨씬 덜하지만 제2인터내셔널의 경우도 마찬가지였다. 물론 트로츠키가 위의 글에서 언급하지는 않았다.

치머발트 좌파에 대한 언급도 비판을 견뎌 낼 수는 없다. 치머발트 좌파(전체 치머발트 경향과 대비되는)는 일국적 대중정당인 볼셰비키당과 거의 고립된 개인들("리투아니아인 한 명, 폴란드인 카를 라데크, 스웨덴 대표 두 명, 그리고 매우 작은 조직인 독일 국제사회주의자 단체의 대표인 율리안 보르하르트")로 이뤄져 있었다.[22]

실제 현실을 고려해 보면, 트로츠키에겐 선택의 여지가 없었다. 그는 이제 어떠한 노동자 운동에도 기반이 없었다. 소련 내에 있던 그의 지지자들과의 접촉은 1933년 봄쯤에는 모두 끊겼다.[23] 하나의 정치적 경향을 창출하기 위해 어느 곳에 존재하든 끌어들일 수 있는 것은 모두 끌어들여야 하는 상황이었다. 더욱이 국제적 강령이 필요하다는 주장이나 노동계급 운동이 부딪힌 문제들에 관한 공통의 분석은 논란의 여지가 없었다. 트로츠키는 그러한 강령과 분석을 제공했다. 그러나 거기에는 사상과 조직의 혼동, 즉 정치적 경향과 국제적 정당의 혼동이 끼어들었다. 몇 년 안에 트로츠키는 "[노동]계급이 계급의식적이 되는 데 수단인 역사적 기관"이라는 자신의 혁명 정당 개념을 암묵적으로 버리고, 아무런 노동자 운동에도 이렇다 할 기반이 없는 '인터내셔널'을 출범시켰다.

그러나 트로츠키는 처음에는 새로운 세력들을 찾으려 했다. 트로츠키주의 조직들은 매우 소규모였다. 스탈린주의자들의 세력에 밀려 그들은 정치적 게토ghetto에 머물러야 했다. 게다가 이 정치적 게토의 진정한 사회적 위치는 일부 중간계급 식자층이었다.

어떻게 하면 트로츠키주의를 이 환경에서 끄집어내 프롤레타리아화하고 상당수 노동자들을 공산주의적 신당들에 끌어들일 수 있을까?

그 길에는 커다란 장애물들이 있었다. 독일 노동계급의 패배가 끼친 주요한 장기적 영향은 노동계급 투사들 사이에서 단결을 지지하는 여론을 크게 고조시켜, 신당들과 새 인터내셔널을 외치는 소리, 즉 새로운 분열을 외치는 소리가 냉담한 반응만을 얻게 됐다는 것이다. 트로츠키는 파시즘에 대항하는 노동자 공동전선을 주창한 바 있다. 그러나 이 호소가 1933년 이후 사회당들 내에서(그리고 곧 공산당들 내에서도) 반향을 얻기 시작하면서 트로츠키의 지지자들은 분열주의자들로 묘사될 수도 있었고, 실제로 그렇게 묘사됐다. 그런데 지금 그들은 신당과 새 인터내셔널을 외치고 있었다. 그러니 그들은 더욱 고립됐다.

처음에 다양한 중간주의 조직들, 좌파적 개혁주의 조직들(예를 들면 영국의 독립노동당)과의 '재결집'을 통해 당을 건설하려 했다가 좌절을 겪고(중간주의에 대한 그의 풍성한 비판을 낳은 채) 트로츠키는 사회민주당 가입(엔트리)이라는 전격적인 행보를 제안했다. 엄밀하게 말하면 이 행보는 특정한 경우들 — 처음에는 프랑스(그래서 "프랑스의 전환"이라는 말이 생겼다) — 에 한정된 것이었지만, 실제로는 일반적으로 적용되게 됐다. 트로츠키의 주장은 사회민주주의자들이 좌경화하고 있어서 혁명적 활동에 좀 더 유리한 환경이 조성되고 있고, 새로운 노동자층을 끌어당기고 있어서 트로츠키주의자들의 고립된 선전 단체와는 비교가 안 될 만큼 더 프롤레타리아적인 환경을 제공한다는 것이다.

입당 전술은 단기적인 것으로서 구상됐다. 즉, 개혁주의자들, 중간주의자들과 날카롭고 강력한 투쟁을 벌인 뒤 분당해서 신당을 건설한다는 것이었다. "개혁주의 정당이나 중간주의 정당에 가입하는 것은 본질적으로 장기적 전망을 포함하지 않는다. 입당 전술은 특정 조건하에서 하나의 사건에 그칠 수 있는 단계일 뿐이다."[24]

결국 입당 전술은 전략적 목표를 달성하지 못했다. 즉, 세력 관계를 변화시키지도 못했고, 트로츠키주의 소그룹들의 사회적 구성을 개선하지도 못했다. 실패의 근본 원인은 독일[노동계급]의 패배, 코민테른의 방향 전환 — 처음에는 공동전선으로(1934), 그 다음에는 민중전선으로(1935) —, 이러한 변화들이 끼친 강력하고 심대한 영향, 그리고 그에 따른 전체 노동운동의 우경화였다. 게다가 스탈린이 체계적으로 벌인 트로츠키 반대 운동으로 이내 트로츠키와 그의 지지자들은 파시스트의 대리인이라고 매도당하는 지경에 이르렀다.

1919~1921년에 혁명가들이 독일의 독립사회민주당USPD과 프랑스의 사회당 다수파처럼 좌경화하는 중간주의 대중정당들을 코민테른으로 합류시킬 수 있게 해 주었던 조건들이 1934~

1935년에는 전혀 존재하지 않았다. 트로츠키나 그의 지지자들이 "프랑스의 전환" 과정에서 어떤 실수를 저질렀든, 그 실수들은 몹시 불리한 상황이 끼친 영향에 비하면 그저 사소한 영향밖에 끼칠 수 없었다.

입당 전술로 얻은 이득 가운데 일부는 실질적인 것이었다. 입당 전술은 트로츠키가 "보수적 종파주의자"라고 불렀던 많은 사람들, 즉 식자층 일각의 소규모 서클 선전주의와 대비되는 능동적 정치에 적응하지 못하는 사람들과의 정치적 결별을 수반했다.

1933년 말에 트로츠키는 이렇게 말했다.

> 혁명적 조직이 발전하려면 내부의 유해하거나 부적합한 인자들을 제거해야 한다. 합법적 활동을 하는 조건에서는 특히 그렇다. 생각지 못한 생경하고 타락한 인자들이 혁명의 기치 아래 모여들 기회가 결코 드물지 않기 때문이다. …… 우리는 중요한 혁명적 전환을 하고 있다. 이러한 전환기에는 내부의 위기나 분열을 결코 피할 수 없다. 그런 것을 두려워하면 혁명적 정책 대신에 프티부르주아적인 감상적 태도와 개인적인 계책을 선호하게 된다. '동맹'(프랑스의 트로츠키주의 조직)은 위대하고 명확한 혁명적 기준의 기치 아래 첫 위기를 겪고 있다. 이러한 조건들하에서는, 동맹의 일부가 분열해 나가는 것은 커다란 전진일 것이다. 불건전하고 불안정하고 무능한 인자들을 모두 거부할 것이고, 흔들

리고 우유부단한 사람들에게 교훈을 줄 것이고, 청년들 가운데 양질의 부분을 향상시키고, 동맹 내부의 분위기를 개선할 것이고, 동맹이 큰일을 실현할 가능성을 열어 줄 것이다.[25]

이 주장이 모두 원칙적으로 옳음은 물론이다. 실제로 사회당 청년 단체들 출신의 새로운 세력들이 어느 정도 충원돼, 제외된 세력들(더 정확히 말하면 대개 이탈자들)을 대체했다. 그런데도 세력 저울 — 혁명적 좌파의 애처로운 무력함 — 은 기본적으로 여전히 바뀌지 않았다. 그렇다면, 다음은 무엇인가?

트로츠키는 꿋꿋이 제4인터내셔널 창립 노력을 계속해 나아갔다. 한동안 그는 제4인터내셔널 창립이 당면 전망일 수 없다고 거듭 말했다. 동참 세력이 없어서였다. 1935년 말까지도 그는 '트로츠키주의자들이 다음 주 목요일에 제4인터내셔널을 선포하고 싶어 한다'는 주장을 "바보 같은 가십gossip"이라고 비난했다.[26] 그러더니 1년도 채 안 돼 새 인터내셔널의 선포를 제안했다. 그러나 그때 그는 그의 지지자들을 설득할 수 없었고, 1938년에 가서야 비로소 그들의 동조를 얻었다.

1938년에 제4인터내셔널 창립을 고수한 세력들은 1934년에 존재했던 세력들보다 강하지 않고 오히려 허약했다(미국의 사회주의노동자당은 오직 하나의 진정한 예외였다). 그 사이에 스페인 혁명이 교살당했다. 트로츠키는 자신의 결정을 정당화했다. 한편으로는

1917년 이전에 자신이 옹호했던 반半자발성론으로 부분적으로 또 부지불식간에 후퇴함으로써 그랬고, 다른 한편으로는 1914년의 레닌 입장에서 유추함으로써 그랬다. 트로츠키는 1938년 말에 이렇게 말했다.

> 우리의 세력과 내일의 과제들 사이의 괴리는 우리를 비판하는 사람들보다 우리 자신이 훨씬 명확하게 알고 있다. 그러나 우리 시대의 가혹하고 비극적인 변증법은 우리한테 유리하게 작용하고 있다. 극도의 짜증과 분노에 이른 대중은 제4인터내셔널이 제공하는 지도력말고는 다른 지도력을 찾아내지 못할 것이다.[27]

그러나 1917년의 경험은 긍정적으로, 그리고 1918~1919년의 경험은 부정적으로, 그리고 무엇보다도 1936년 스페인의 경험은 오랜 기간 부분적 요구들을 위한 투쟁을 통해 자국 노동계급에 뿌리를 내린 당이 반드시 필요함을 보여 주었다. 트로츠키는 대부분의 사람들보다 더 명확히 이 점을 인정했었다. 그러나 지금 그러한 당은 존재하지 않고, 그런가 하면 그 필요성은 몹시 절박했으므로 트로츠키는 혁명의 '세계정신'으로 도피했다. '얼룩 하나 없이 깨끗한 깃발'을 하늘 높이 흔들기만 하면 마치 그 혁명의 '세계정신'이 [대중의] 자생적인 "짜증과 분노"로부터 어찌어찌하여 그러한 당을 창출해 줄 것처럼 말이다. 그 자발적인 분출로

[제2차세계]대전 중이나 대전 직후에, 고립되고 미숙한 제4인터내셔널 지부 '지도부'들이 대중정당의 지도부들로 떠오를 것이라고 암묵적으로 기대했던 것이다.

1914년의 레닌 입장에서 유추한 것은 훨씬 부적절했다. 레닌이 1914년에 "제2인터내셔널은 죽었다. 제3인터내셔널 만세!" 하고 썼을 때, 그는 이미 한 주요국의 진정한 대중정당의 가장 영향력 있는 지도자였다. 그런데도 레닌은 10월 혁명 후 일 년 반이 지나고 유럽에 혁명적 대중운동이 고조되고 있다는 믿음이 서기까지는 제3인터내셔널의 창립을 요구할 생각을 하지 않았다. 트로츠키는 혁명적 의지가 앞선 나머지 이 모든 사실을 무시했다. 그의 의지는 찬양할 만하다. 그러나 정치적으로 이런 발상은 장차 그의 지지자들이 방향감각을 잃고 탈선하게 만든다. 트로츠키 사망 후 [제2차세계대전 종전 무렵에] 정말 중요한, 진정한 분출이 일어났지만, 그 분출은 그의 지지자들을 지나쳐 버렸다. 그들이 고립돼 있었기에 어쩔 수 없었다. 하지만 트로츠키 지지자들은 그런 주의주의적 발상에 사로잡혀 있다 보니 현실적인 혁명적 지향성[전략]을 발전시키기가 훨씬 더 어려웠다.

당시 트로츠키의 개념에는 메시아주의에 가까운 요소가 있었다. 파시즘이 기세를 떨치고, 노동운동이 패배에 패배를 거듭하고, 새로운 세계대전이 임박한 견디기 힘들 만큼 어려운 상황에서도 혁명의 깃발은 나부껴야 했고 공산주의의 강령은 거듭 천

명돼야 했다. 혁명 자체가 상황을 변화시킬 때까지 말이다.

아마도 이러한 전망 없이는 그의 지지자들을 결속시킬 수 없었을 것이다. 그렇다면 그것은 그의 성숙한 사상으로부터 꼭 필요한 일탈이었는지도 모른다. 그럼에도 그러한 일탈은 나중에 실질적인 대가를 치르게 된다.

5장
트로츠키가 남긴 유산

언제인가 트로츠키는 비극의 본질이 원대한 목적과 보잘것없는 수단 사이의 두드러진 격차에 있다고 썼다. 이러한 일반화에 대해 무엇이라고 말하든 간에 그것은 분명히 말년의 트로츠키의 딱한 처지를 축약적으로 표현하고 있다. 10월 봉기를 조직했고, 적군의 작전을 지도했고, 코민테른을 통해 대중적 노동자 당들(혁명적이기도 했고 개혁주의적이기도 했던)을 — 어떤 때는 동지로서 어떤 때는 적으로서 — 다루었던 트로츠키는 이제 사태의 진로에 거의 아무런, 심지어 최소한의 영향도 끼칠 수 없는 여기저기 흩어져 있는 소규모 조직들을 규합하려고 애쓰는 위치로 전락했다.

그는 20여 개의 소규모 조직들 내부의 무수히 많은 사소한 싸움에 거듭 개입하지 않을 수 없었다. 물론 그러한 분쟁들의 일부는 중대한 정치적 원칙 문제들에 관한 것이었다. 그러나 트로츠키 자신이 분명하게 알고 있었듯이 그러한 분쟁들은 그 조직들이 현실의 노동계급 운동에서 고립돼 있고 프티부르주아적 환경 — 그들은 프티부르주아적 환경으로 내몰렸고 많은 이들이 거기에 안주했다 — 속에 있는 데서 비롯한 것들이었다.

그럼에도 그는 끝까지 싸웠다. 한때는 자기가 그토록 큰 구실을 했던 노동자 운동에 그가 효과적으로 참여하지 못하고 오히려 그로부터 고립돼 있어야 했다는 점은 끊임없이 변화하는 계급투쟁 추이를 인식하는 데 불가피하게 어느 정도 영향을 미쳤다. 그의 풍부한 경험과 탁월한 전술 방침들조차도 일상 투쟁에 관여하는 투사들이 보내 주는 정보와 의견, 반응 등을 완전히 대체할 수는 없었다. 일상 투쟁에 관여하는 투사들로부터의 피드백은 진정한 공산주의 정당에서만 가능한 것이다. 고립돼 있는 기간이 길어지면서 트로츠키의 곤란은 더 확연하게 드러났다. 그가 1938년에 쓴 "과도 강령"과 그 원형인 프랑스를 위한 "행동 강령"(1934)을 서로 비교해 보라. 현실의 투쟁과 관련한 참신함, 적실성, 명확성, 구체성에서 후자가 명백히 더 낫다.

이것은 물론 지적 능력 저하 문제가 아니었다. 트로츠키가 완성하지 못한 최후 저작들 가운데 일부, 특히 ≪제국주의 쇠퇴기의 노동조합≫은 마르크스주의 사상에 대한 선구적 공헌이다. 문제는 현실의 계급투쟁에 관여하는 상당수 투사들과의 긴밀한 접촉이 거의 없었다는 점이다.

그러나 1940년 8월, 스탈린이 보낸 자객 잭슨-메르카데르한테 암살당했을 때 트로츠키는 운동[트로츠키주의 운동]을 남기고 죽었다. 그 운동이 어떤 실패를 기록했고 어떤 약점이 있었든 간에, 그리고 그것들이 얼마나 가지각색이었든 간에 그 운동은 막대한 업적이었다. 스탈린주의의 성장, 그리고 유럽의 대부분 지역에서 파시즘의 승리는 노동자 운동에서 진정한 공산주의 전통의 흔적을 거의 없애 버렸다. 파시즘은 그 전통을 직접적으로 파괴했다. 파시즘은 권력을 장악한 곳이면 어디에서든지 노동자 단체들을 분쇄해 버렸다. 소련에서 스탈린주의는 다른 방법으로 같은 일을 저질렀다. 소련 밖에서 스탈린주의는 대중운동으로서의 혁명적 전통을 타락시키고 급기야 사실상 교살했다.

오늘날 우리가 트로츠키와 그의 추종자들이 1930년대에 받았던 빗발치는 비방과 중상의 위력을 온전히 이해하기는 어렵다. 소련과 코민테른 소속 정당들의 선전 자료들은 모두 '트로츠키주의자'(진짜 트로츠키주의자들이든 그들이 날조한 트로츠키주의자들이든 상관하지 않고 모두)를 히틀러, 일본 천황, 기타 온갖 반동 세력의 공작원이라고 비난하는 데 혈안이 돼 있었다. 소련에서 저질러진 구볼셰비키의 학살(몇몇은 어마어마한 '공개 재판' 후에, 그러나 대부분은 재판 비슷한 것조차 받지 못하고 살해당했다)은 스탈린주의자들이 당시 내건 구호인 '사회주의와 평화'를 옹호하는 세력들의 승리라고 주장됐다.

1938년 영국 공산당 15차 대회에서 중앙위원회가 제출한 보고서는 다음과 같이 선언했다.

> 소련 사회주의의 나약하거나 타락하거나 야심을 가진 배신자들은 모두 자본주의와 파시즘에 고용돼 더러운 짓거리를 해 왔다. 모든 파괴 행위 · 방해 책동 · 암살의 최선두에는 파시스트의 앞잡이 트로츠키가 있다. 그러나 소련 인민의 방위력은 막강하다. 우리 볼셰비크 동지 예조프의 지도로 스파이들과 파괴 분자들이 만천하에 폭로되고 심판을 받았다.[1]

전임자 야고다가 사형당한 뒤 권력을 장악한 예조프는 스탈린주의 공포정치가 절정에 달한 1937~1938년 소련에서 공산주의자들과 수많은 다른 사람들의 학살을 지휘한 경찰 수뇌였다.

스탈린이 선포한 공식 노선은 "트로츠키주의는 공산주의에 반대하는 투쟁을 벌이고 있는 반혁명 부르주아지의 선두에 서 있다"는 것이었다.[2] 이러한 대규모 날조 캠페인은 1935년 [민중전선 채택] 이후 공산당에 매력을 느낀 많은 자유주의자나 사회민주주의자들의 도움으로 20년 이상 지속됐다. 이러한 캠페인은 공산당 투사들이 스탈린주의에 대한 마르크스주의적 비판을 하지 못하도록 하는 예방 조처였다. 민중전선의 붕괴와 제2차세계대전이 임박하면서 생겨난 전반적인 사기 저하도 당시의 소규모 혁명 조직들에게는 중상 비방 캠페인 못지않게 중요했다.

트로츠키는 1939년 봄에 열린 회합에서 이 점을 다음과 같이 생생하게 표현했다.

> 우리는 정치적으로 앞으로 나아가지 못하고 있습니다. 그렇습니다, 이것이 사실입니다. 지난 15년 동안 노동자 운동이 전체적으로 쇠퇴해 왔음을 나타내는 사실인 것입니다. 이것이야말로 좀 더 일반적인 원인입니다. 혁명 운동이 전반적으로 쇠퇴하고, 패배에 패배를 거듭하고, 파시즘이 전 세계로 확산되고, 공식 '마르크스주의'가 노동자들을 속이는 가장 강력한 도구가 돼 있는 그런 시기는 우리의 사상과 설명이 대중이 요구하는 만큼 정확하고 분별 있다고 할지라도 혁명적 인자들이 전체적인 역사적 시류를 거슬러 활동해야만 하는 불가피한 상황입니다. 그러나 대중은 예지豫知가 아니라 자신들의 전체적인 생활 경험을 통해서 배웁니다. 전체 상황이 우리에게 불리하게 돌아가고 있다는 것이 가장 일반적인 설명입니다.[3]

트로츠키한테서 영감을 얻고 지도를 받아 이러한 냉혹한 조건들하에서 살아남은 소규모 제4인터내셔널 운동은 그런 경험을 통해서 즉각적으로 드러난 것보다 더 큰 정치적 상처를 남겼다. 뒷날 제4인터내셔널 운동은 더한층의 변질을 겪었다. 그럼에도 그 운동만이 당시와 같은 암울한 시대에 유일하게 살아남은 진정으로 공산주의적인 중요한 조류였다.

1938~1940년의 세계 전망

말년의 트로츠키가 가졌던 세계 전망의 핵심은 자본주의 체제가 마지막 숨을 내쉬고 있다는 확신이었다. 1938년에 그는 "과도 강령"에서 다음과 같이 썼다.

> 프롤레타리아 혁명의 경제적 전제 조건은 자본주의하에서 도달할 수 있는 최고 지점까지 이미 대체로 성숙했다. 인류의 생산력은 발전이 정체되고 있다. 새로운 발명들과 기술혁신은 이미 물질적 부의 수준을 끌어올리지 못하고 있다. …… 전체 자본주의 체제가 사회적 위기에 빠진 상태에서 국면적 위기들이 전에 볼 수 없었던 격심한 결핍과 고통을 대중에게 안겨주고 있다. 실업 증대는 또한 국가의 재정 위기를 심화시키고 불안정한 통화제도를 더 불안정하게 만들고 있다. 파시스트 체제뿐 아니라 민주주의 체제도 잇따른 위기로 비틀거리고 있다.[4]

이 구절 자체만 놓고 봤을 때는 당시 세계경제 대부분의 상태를 묘사한 것으로 볼 수 있을 것이다. 앞서[2장] 말한 바대로 트로츠키는 세계경제가 정체 상태인데도 소련이 급속한 산업 성장을 이루었다는 사실에 아주 깊은 인상을 받았다.(트로츠키가 고려하지 않은 다른 중요한 예외도 있었다. 즉, 일본의 산업 생산은 1927년에서 1936년 사이에 두 배로 증가했고 이후로도 계속 성장했으며, 히틀러 치하의 독일에서는 재무장을 추진해 실업이 거의 사라졌다.)

그러나 트로츠키가 세계경제를 묘사하기만 했던 것은 아니다. 그는 자본주의가 회복 불가능한 상태에 있다고 믿었다. 1939년에 그는 이렇게 썼다. "자본주의 체제의 붕괴는 극한점에 다다랐고 낡은 지배계급의 해체도 마찬가지다. 이런 체제가 더 존속하는 것은 불가능하다."[5]

바로 그렇기 때문에 1938년 "과도 강령"에서 지적하듯이 "프롤레타리아의 모든 진지한 요구와 심지어 프티부르주아지의 모든 진지한 요구조차 불가피하게 자본주의적 소유관계와 부르주아 국가의 한계를 뛰어넘으므로" 개혁주의 노동자 정당들은 자기 지지자들에게 성과를 가져다 줄 수 없다는 것이다.[6]

그렇다고 해서 개혁주의 대중정당이 자동으로 사라져 버리지는 않을 것이다. 역사적 관성과 명백한 대안의 부재 덕분에 개혁주의 정당들은 잠시 동안 유지될 수 있을 것이다. 그러나 개혁주의 정당들은 더는 비교적 튼튼한 기반을 갖지 못하게 된다. 그들은 약화되고 불안정해진다. 전쟁의 충격과 전후의 위기가 그 당들을 파멸시킬 것이다.

트로츠키는 공산당들도 이러한 당들에 포함된다고 믿었다.

> 코민테른이 부르주아 질서 쪽으로 명백히 넘어가고, 전 세계에서, 특히 스페인 · 프랑스 · 미국, 기타 '민주주의 국가'들에서 코민테른이 냉소적으로 반혁명적 구실을 함에 따라 세계 프롤레타리아는 이례적인 어려움을 더 겪게 됐다. 10월 혁명의 깃발 아래 '민중전선'이 실천한 [부르주아지에 대한] 회유 정책들은 노동계급을 무기력하게 만든다.[7]

1935년 이후 그는 "잊으려고 작정하면 잊을 수 있는 전통적인 말투를 제외하고 공산주의자와 사회민주주의자를 구분할 수 있는 것은 이제 없다"고 주장했다.[8]

현실은 좀 더 복잡하다는 것이 나중에 입증됐다. 이 사실은 마침내 제4인터내셔널 운동의 근본적 위기를 재촉했다. 트로츠키는 실제의 추세를 지적하고 있었지만, 그것이 발전하는 데 필요한 기간은 그가 생각했던 것보다 훨씬 더 길었다. 히틀러-스탈린 협약(1939년 8월) 후에도 코민테른 소속 정당들은 모스크바에 계속 충성을 바쳤고 1948년 말 이후의 냉전기에 '자국' 부르주아지에게 투항하지도 않았다. 그들의 정책은 혁명적이지도 않았지만 그렇다고 해서 보통의 의미에서 단순히 개혁주의적이지도 않았다. 그들은 '좌파적' 견지에서 부르주아 국가를 지지하는 태도(1947년 이후 프랑스, 이탈리아, 그 밖의 다른 나라들에서 공산당이 배제된 덕분에 굳어진)를 거의 20년 동안 유지했다. 이 때문에 다른 요인들이 좀 더 유리했을 때조차도 혁명적 대안이 창출되기가 매우 어려웠다.

그리고 한 가지 중요한 사례인 중국에서, 그리고 중국보다 덜 중요한 일부 나라들(특히 알바니아 · 유고슬라비아 · 북베트남)에서 스탈린주의 정당들은 허약한 부르주아 국가를 파괴하고 소련 사회를 모방한 체제를 수립했다. 특히 1948~1949년의 중국 혁명은, 어쨌든 후진국의 경우이긴 하지만, 스탈린주의 정당들에 대한 고전적 트로츠키주의 분석에 의문을 제기하게 만들었다. 왜냐하면 만일 중국 혁명이 프롤레타리아 혁명이라면, 제4인터내셔널의 존립 근거 — 스탈린주의의 본질적으로 반혁명적인 성격 — 가 파괴되기 때문이다. 다른 한편으로, 중국 혁명이 어떤 모종의 부르주아 혁명 — 당시 마오쩌둥이 주장한 '신민주주의' — 이라면, 연속혁명론이 손상된다. 이런 문제는 뒤에 가서 다룰 것이다. 여기에서 당장의 문제는 사람들이 중국 혁명의 성격을 어떻게 봤든, 그 혁명으로 말미암아 스탈린주의가 혁명적이라는 인상이 오랫동안 유지됐다는 점이다.

그러나 이 시기에 트로츠키가 저지른 가장 중대한 실수는 자본주의가 프롤레타리아 혁명을 피할 수 있다손 치더라도 경제적 탈출구는 없을 것이라고 가정한 것이었다. 그가 이렇게 확신했다는 것은 명백한 사실이다.

1939년 말에 트로츠키는 다음과 같이 썼다.

> 그러나 현재 진행되고 있는 전쟁의 여파로 혁명이 일어나는 것이 아니라 프롤레타리아가 몰락하더라도, 또 다른 가능성이 여전히 남는다. 즉, 독점자본주의가 더욱 쇠퇴하고 독점자본주의와 국가의 융합이 강화되고, 그나마 남아 있는 민주주의 체제조차 전체주의 체제로 대체될 수 있다. 이러한 상황에서 프롤레타리아가 사회에 대한 지도력을 발휘하지 못하면 보나파르트 체제의 파시스트 관료 집단이 새로운 착취계급으로 성장할 수도 있다. 이러한 체제는 여러 조짐들에 비추어 볼 때 문명의 몰락을 알리며 쇠퇴하는 체제가 될 것이다.[9]

만일 강력한 비판을 받았다면, 트로츠키는 경기순환 과정에서 약간의 일시적인 경기회복이 가능하다고 인정했을지도 모른다. 그는 1920~1921년에 유럽 자본주의가 약간 회복됐음을 재빨리 지적했고(그리고 그로부터 올바른 정치적 결론들을 끌어냈고), 1930년대 초에는 경기가 1929~1931년의 침체에서 어느 정도 회복됐다고 지적하기도 했다. 그러나 제1차세계대전 전의 수십 년 동안 개혁주의가 대중적 세력으로 성장하는 데 바탕이 된 것과 같은 장기적 경제성장의 가능성은 완전히 배제했다.

그의 전망은 당시 좌파들의 견해와 공통된 것이었다. 그러나 대규모 군비 생산이 전반적인 경제성장 — 경제의 군비 부문에 한정된 것이 결코 아닌 성장 — 을 달성할 수 있다는 명백한 증거가 이미 존재했다. 물론 그러한 증거는 제2차세계대전 준비와 관련이 있었다. 그렇지만 전쟁 준비가 상시적이거나 반半상시적이라면 어떻게 될까?

사실, 제2차세계대전 이후 자본주의는 엄청나게 부흥했다. 경제 위축과 침체가 지배적이기는커녕 1914년 이전의 '고전적' 제국주의 국면 때보다 훨씬 더 많이 경제가 성장했다. 마이클 키드런이 1968년에 지적했듯이, "제2차세계대전 이후 자본주의 체제 전체는 전례 없이 오랫동안 빠르게 성장했다. 1950~1964년 사이의 성장 속도는 1913~1950년 사이의 성장 속도보다 두 배가 빨랐고 그전 30년 동안의 성장 속도의 거의 절반이나 됐다."[10]

개혁주의는 선진 자본주의 나라들에서 노동계급 대중의 생활수준 향상에 힘입어 완전히 새로운 생명을 얻어 수명을 연장했다. 대규모 경제 회복, 즉 1950년대와 1960년대의 장기호황이 주로 엄청나게 증가한 국가지출(특히 군비 지출) 때문이었다는 주장에 대해서는 개혁주의 분석가들과 마르크스주의 분석가들이 모두 — 약간 설득력 없게 — 이의를 제기했다. 그러나 논박할 수 없는 분명한 사실은 트로츠키의 예측이 명백히 틀렸다는 점이다. 왜냐하면 전후 호황의 정치적 결과들을 볼 때 당장의 대안이 프롤레타리아 혁명 아니면 '문명의 몰락'을 재촉하는 보나파르트 체제나 파시스트 독재일 것이라는 트로츠키의 예측이 틀렸음이 입증됐기 때문이다. 그의 예측과는 반대로, 노동자 운동에 대한 부르주아 민주주의와 개혁주의의 지배가 대부분의 선진국들에서 다시 전형적인 현상이 됐다.

사태가 이러한 양상으로 발전하는 데 필수적인 조건은, 1944~1945년 연합군의 군사력과 고조되는 민중 반란 물결 때문에 파시스트 국가들이 약화된 대규모 격변들에서 부르주아 체제들이 살아남은 것이었다. 대부분의 유럽 나라들에서 사회민주당과 공산당은 이 결정적 국면에서 급성장해 반혁명적 구실을 했고(서유럽에서뿐 아니라 동유럽에서도), 프랑스와 이탈리아에서는 결정적인 반혁명적 구실을 했다.

그러나 트로츠키는 기존 노동자 정당들이 반란의 초기 단계에서 소생하는(이것은 러시아 혁명을 다룬 트로츠키의 저작만으로도 이론의 여지 없이 충분히 입증된다) 동시에 당연히 반혁명적 정치를 구현한다고 보았었다. 그가 개혁주의의 이 같은 소생이 케렌스키 정부의 존속 기간처럼 매우 단기간에 그칠 것이라고 생각한 이유는, 프롤레타리아 혁명이 일어나지 않는다면 단기적 대안이 경제가 파탄 나고 대중이 빈곤해지고 전체주의적 국가 통제 체제들이 성장하는 것밖에 없다고 내다보았기 때문이다.

그러한 전망 때문에 그는 1938년 말에 확신에 가득 찬 논조로 다음과 같이 썼다. "향후 10년 동안 제4인터내셔널의 강령은 무수히 많은 대중의 길잡이가 될 것이며, 이 수많은 혁명적 대중은 천지를 뒤흔드는 방법을 알게 될 것이다."[11]

이러한 진술들이 조장한, 천지개벽을 기대하는 분위기 때문에 트로츠키 지지자들은 노동계급 의식의 실제 변화, 계급 세력 관계의 변화를 냉철하게 현실적으로 평가하고 이러한 평가를 바탕으로 최대한의 성과를 얻기 위해 전술들을 변경하기(이것이 레닌의 정치적 실천의 핵심이다)가 매우 어려웠다.

여기에서 트로츠키가 1938년에 쓴 강령 명칭의 유래가 된 '과도적[이행기] 요구들'의 중요성을 그가 강조했다는 점을 언급해야겠다. 그는 다음과 같이 썼다.

> 일상 투쟁 과정에서 현재의 요구들과 사회주의 혁명의 강령 사이의 간극을 메우도록 도와줘야 한다. 이 간극을 메우려면 노동계급의 광범한 층이 오늘날 처한 조건과 현재 의식에서 나오고, 변함없이 프롤레타리아의 권력 장악이라는 최종 결론으로 이어지는 일련의 **과도적[이행기] 요구들**이 필요하다.[12]

이러한 까다로운 조건들을 충족하는 구호나 '요구들'을 찾아내는 것이 가능한가 그렇지 않은가 하는 것은 분명히 상황에 달려 있다. 특정 시기에 "광범한 노동자층의 의식"이 뚜렷하게 비혁명적이라면 구호들로 그러한 의식을 바꿀 수 없을 것이다. 실제 상황이 변해야 한다. 각 국면에서 문제가 되는 것은 적어도 노동계급 일부(물론 이상적으로 노동계급 전체)의 심금을 울릴 뿐 아니라 노동계급의 행동도 불러일으킬 수 있는 구호들을 찾아내고 제기하는 것이다. 흔히 그러한 구호들은 트로츠키가 규정한 매우 엄격한 의미의 과도적 요구에 해당하지 않을 수 있다.

물론 대부분의 트로츠키 지지자들이 과도적 요구 개념과 심지어 1938년 강령의 특정 요구들 ― 가장 분명한 것은 '임금-물가 연동제' ― 을 물신화하는 경향이 있다는 점에 대해 트로츠키의 책임을 물을 수는 없다. 그러나 그는 이 문제를 지나치게 강조했고 마치 '요구들'이 노동계급의 혁명 조직과 무관하게 모종의 가치가 있다는 믿음을 조장했다.

소련, 스탈린주의, 제2차세계대전과 그 결과

제2차세계대전은 독일의 폴란드 침공으로 시작됐다. 독일이 폴란드를 침공하자마자 곧바로 히틀러와 스탈린은 폴란드 영토를 분할 점령했다. 히틀러와 스탈린은 거의 2년 동안(1939년 여름부터

1941년 여름까지) 동맹을 맺었고, 이 기간에 스탈린 정권은 서부 우크라이나와 서부 벨라루스뿐 아니라 발트 해 연안 국가들, 베사라비아와 부코비나를 합병할 수 있었다.

1935년부터 독소조약 전까지 스탈린의 외교정책 목표는 히틀러에 대항해 프랑스 · 영국과 군사동맹을 맺는 것이었다. 코민테른의 민중전선 정책은 그러한 소련 외교정책과 짝을 이루는 것이었다. 히틀러-스탈린 협약에 따라 코민테른 소속 공산당들은 히틀러가 소련을 침공하기 전까지, 실제 내용이 결코 혁명적이지 않은 '반전' 입장으로 선회했다(히틀러가 소련을 침공한 이후 그들은 '연합국들' 내에서 초애국주의 태도를 취했다).

히틀러-스탈린 협약과 폴란드 분할 점령은 공산당 외부의 좌파 내에서 반소 감정을 유발했고 이것은 (적잖은 공산당 탈당 사례와 함께) 트로츠키주의 조직들에도 영향을 끼쳤다. 그중 가장 커다란 조직이었던 미국 사회주의노동자당SWP 내의 한 반대파가 소련이 '변질된 노동자 국가'라는 트로츠키의 정의에서 도출된 '제국주의에 대항해 소련을 무조건 방어하라'는 구호에, 그리고 곧이어 '변질된 노동자 국가' 정의 자체에 의문을 제기하기 시작했다. 뒤이어 벌어진 논쟁 과정에서 트로츠키는 소련의 스탈린 체제를 분석한 자신의 관점을 최고로 발전시켰고 대안적 견해들을 — 거부하기 위해 — 검토했다.

1939년 9월에 그는 다음과 같이 썼다.

소련 국가의 성격 문제를 추상적인 사회학 차원에서가 아니라 구체적인 정치적 과제라는 차원에서 제기하는 데서 시작해 보자. 일단, 관료가 새로운 '계급'이며 현재의 소련 체제는 특수한 계급 착취 체제라고 가정해 보자. 이러한 정의들에서 우리가 얻게 되는 새로운 정치적 결론은 무엇인가? 제4인터내셔널은 오래전에 노동 대중의 혁명적 봉기로 관료를 타도해야 한다고 인정했다. 관료를 착취'계급'이라고 단언하는 사람들이 제기하거나 제기할 수 있는 것은 이것밖에 없다. 관료 타도를 통해 달성할 목표는 관료를 소비에트에서 축출해 소비에트의 지배를 재확립하는 것이다. 좌파적 비판가들이 제기할 수 있거나 제기하는 것도 이것밖에 없다. 재건된 소비에트의 과제는 세계혁명과 사회주의 사회 건설에 협력하는 것이다. 따라서 관료 타도는 국유재산과 계획경제의 보존을 전제로 한다. …… 기생적 과두제를 타도하는 문제가 국유(국가) 재산을 보존하는 문제와 여전히 연결돼 있는 한은 우리는 미래의 혁명을 정치혁명이라고 부른다. 우리를 비판하는 사람들 중 일부(실리가와 브루노 등등)는 무슨 일이 있어도 향후의 혁명을 사회혁명으로 부르고 싶어 한다. 사회혁명이라는 정의를 받아들인다고 해서 그것이 본질적으로 무엇을 변화시키는가? 그것은 우리가 열거해 온 혁명의 과제에다 아무것도 추가하지 않는다.[13]

언뜻 보면 이것은 아주 설득력 있는 주장이다. 그러나 소련 방어 문제는 어떻게 되는가?

> 우리는 소련을 방어하는 일이 세계혁명을 준비하는 일이나 마찬가지라고 본다. [세계]혁명의 이해관계와 충돌하지 않는 방법들만이 허용될 수 있다. 소련 방어와 세계 사회주의 혁명의 관계는 전술 과제와 전략 과제의 관계와 같다. 전술은 전략 목표에 종속되고 결코 전략과 모순될 수 없다.[14]

따라서 전술 운용상의 필수 사항들이 사실상 전략 목표와 충돌한다면(트로츠키에 대한 좌파적 비판가들은 그럴 수밖에 없다고 생각했다) 그 전술 ― 소련 방어 ― 은 포기돼야 한다. 이런 근거로 트로츠키 비판자들(다시 말해 스스로 혁명가라고 생각한 사람들)은 트로츠키와 다른 용어를 사용하고 있다는 데 쉽사리 동의할 수 있었을 듯하다. 그러나 왜 용어만을 두고서 분열했겠는가?

실제로, 훨씬 더 많은 쟁점이 있었고 트로츠키도 그렇게 생각했다. 관료가 정말로 계급이고 소련이 새로운 형태의 착취 사회라면, 스탈린주의 러시아가 아주 예외적인 독특한 상황의 산물이라고 생각할 수 없고 이내 사라져 버릴 운명에 처해 있다고 생각(그는 그러리라고 확신하고 있었다)할 수도 없다고 트로츠키는 주장했다.

그리고 문제는 여기서 그치지 않았다. 트로츠키는 1930년대 말에 '풍미'했던 견해, 말하자면 '관료주의'와 '국가 통제'가 도처에서 강화되고 있고, 미래의 사회 형태 — 전후에 프롤레타리아 혁명이 일어나지 않으면 발전할 것으로 트로츠키 자신이 예상한 '전체주의적 국가 통제 체제' — 를 미리 보여 주고 있다는 견해에 주목했다. 오웰의 ≪1984년≫(이 책은 1944년에 출간됐다)에서 이러한 분위기가 잘 드러났다. 따라서 소련 사회 성격 문제는 "향후 몇백 년은 아닐지라도 몇십 년의 세계사적 전망" 문제와 혼동됐다. 즉, "우리는 사회혁명과 사회주의 사회의 시대에 돌입해 있는가 아니면 반대로 쇠퇴하는 전체주의 관료 사회의 시대에 돌입해 있는가?"에서 보듯이 문제가 뒤섞였다.[15]

대안들도 잘못 제기됐다. ≪세계의 관료주의화≫(트로츠키가 인용한 브루노 리치의 책 이름)에 서술된 예측들은 분석의 결과가 아니라 당시 상황에서 받은 인상들에 불과했다. 또, 소련이 정말로 마르크스주의 의미에서 착취 사회라고 하더라도(그리고 바로 이것이 관료가 '계급'인가 '신분' — 트로츠키의 용어 — 인가라는 언뜻 보면 탁상공론 같은 논쟁의 진정한 내용이었다) 소련이 근본적으로 새로운 형태의 착취 사회라는 말은 아니었던 것이다. 소련이 모종의 자본주의라면? 그렇다면, '세계사적 전망'에 관한 논의는 모두 근거를 상실하게 된다.

물론 트로츠키는 국가자본주의라는 개념을 익히 알고 있었다. 그는 ≪배반당한 혁명≫에서 다음과 같이 썼다.

> 이론 차원에서, 부르주아지 전체가 국가를 통해 국민경제 전체를 관리하는 일종의 주식회사를 이루는 상황을 상상하는 것은 확실히 가능하다. 그 같은 체제의 경제법칙은 전혀 신비하지 않을 것이다. 익히 알려진 바와 같이, 한 사람의 자본가는 자신이 소유한 기업의 노동자가 창출한 잉여가치 몫이 아니라 전국에서 창출된 총 잉여가치 중에서 자신이 소유한 자본의 양에 비례하는 몫을 이윤 형태로 수취한다. 완전한 '국가자본주의'에서, 이러한 평균이윤율 법칙은 우회적인 경로 — 다시 말해 서로 다른 자본들 사이의 경쟁 — 를 통해서가 아니라 국가 회계를 통해서 즉각 그리고 직접 실현될 것이다. 그러나 그와 같은 체제는 결코 존재한 적이 없으며, 또한 소유자들 사이의 심각한 모순 때문에 결코 존재하지도 않을 것이다. 더군다나 자본가 재산의 보편적 저장 창고라는 특성 때문에 국가는 사회혁명의 너무나 매력적인 대상이 될 것이므로 그러한 체제는 더욱 존재하지 않을 것이다.[16]

트로츠키는 '온전한'(즉, 전면적인) 국가자본주의 체제가 이론으로는 가능하더라도 현실로는 존재하지 않을 것이라고 생각했다. 그러나 부르주아지가 혁명을 통해 분쇄됐지만 프롤레타리아가

— 수적·문화적 취약성 때문에 — 권력을 장악하지 못하거나 권력을 장악했더라도 권력을 유지하지 못한다고 가정해 보자. 그렇다면 어떻게 될까? 특권계층으로 출현한 관료가 국가와 경제의 주인이 된다(트로츠키가 소련의 스탈린 관료 체제의 경우에 생생하게 묘사했듯이 말이다). 관료는 실제로 경제에서 어떤 구실을 할까? 자본가계급을 '대리'하는 구실을 하지 않을까? 관료가 전체 국가경제를 통제한다고 해서 관료는 자본가가 아니라고 주장할 수 없다. 트로츠키는 국가를 통제하는 부르주아지가 원칙적으로 그러한 지위를 차지할 수 있다는 점을 인정했다. 트로츠키의 분석에 바탕을 두고 개진할 수 있는 유일하게 진지한 주장은, 트로츠키 자신이 제시한, "관료는 주식도 채권도 소유하지 않는다"는 주장이다. 이와 관련해 두 가지 사항을 지적해야 한다. 첫째는, 부차적인 것으로서, 트로츠키의 주장은 사실이 아니라는 것이다. 즉, 소련에서 주식과 채권을 보유할 수 있는 사람은 다양한 종류의 국채, 즉 이자가 붙고 적당한 상속세(최고 소득세율이 대부분의 서방 자본주의 국가들보다 소련에서 훨씬 낮은 것과 마찬가지로 서방의 상속세보다 훨씬 낮은 상속세)를 내고 상속할 수 있는 국채를 매입할 수 있다. 둘째, 이것이 주요한 것인데, 마르크스주의 관점에서 볼 때, 마르크스 자신이 말했듯이 개별 자본가의 소비는 "축적에 대한 약탈", 다시 말해 개별 자본가가 소비하지 않는다면 축적으로 돌릴 수도 있었던 자원의 소모이므로 명백히 주된 고려 대상이

아니라는 점이다. 주된 고려 대상은 누가 축적 과정을 통제하는가 하는 점이다.

1939년에 트로츠키는 이 문제로 돌아가서 다음과 같이 썼다.

> 소비에트 국가의 일부 특징들을 정확히 묘사하는 반면에, 그럼에도 소비에트 국가와 자본가 국가의 근본적 차이, 즉 재산 소유자 계급으로서 부르주아지의 부재, 가장 중요한 생산수단의 국가 소유 형태의 존재, 마지막으로 10월 혁명으로 가능해진 계획 경제를 무시하는 이 용어[국가자본주의 — 핼러스]를 우리는 거부해 왔고 지금도 여전히 거부한다.[17]

트로츠키는 실제의 사회적 생산관계가 아니라 일관되게 소유 형태의 관점에서 스탈린주의 사회를 분석하려 했다. 종종 그가 실제의 사회적 생산관계라는 표현을 사용했고 실제로 그 두 가지를 같은 것으로 여겼지만 말이다. 그러나 그 두 가지는 같은 것이 아니다.

마르크스는 프루동을 비판하면서 다음과 같이 설명했다.

> 따라서 부르주아적 소유를 정의하는 것은 부르주아적 생산의 모든 사회관계를 드러내는 것과 다름없다. 따라서 소유를 하나의 독립적 관계, 하나의 독자적 범주 — 영원한 추상적 관념 —

로 정의하려고 노력하는 것은 형이상학이나 법학의 착각일 뿐이다.[18]

소련의 경우에도 이것은 마찬가지다. 소유 형태(소련의 경우에는 국가 소유)를 사회적 생산관계에서 따로 떼어 놓고 생각할 수 없다. 소련의 지배적 생산관계(특히 공업화 이후)는 자본주의의 기본 특징인 자본-임노동 관계였고 지금도 여전히 그렇다. 소련 노동자는 미국 노동자와 마찬가지로 노동력이라는 상품을 판매한다. 또, 소련 노동자는 노예처럼 양식을 배급받거나 농노처럼 수확물의 일부로 지급받는 것이 아니라, 판매를 위해 생산된 재화, 즉 상품에 지출할 화폐로 지급받는다.

임금노동이 존재한다는 것은 자본이 존재함을 뜻한다. 소련에 부르주아지는 존재하지 않는다. 그러나 마르크스가 정의한 자본은 확실히 존재한다. 자본이 기계류, 원료, 신용 등으로 이루어지는 것이 아님은 마르크스주의자에게는 두말할 필요가 없는 사항이다. 자본은 "하나의 독립적인 사회적 힘으로서, 즉 사회 일부의 힘으로서 자신을 유지하고 직접적인 산 노동력과 자신을 교환함으로써 증식된다. 노동력 외에는 아무것도 갖고 있지 않은 계급의 존재가 자본에게 필요한 전제조건이다. 누적된, 과거의, 대상화된 노동이 직접적인 산 노동을 지배할 때라야 누적된 노동은 자본이 된다."[19] 확실히 소련의 상황이 이렇다.

마르크스에게 부르주아지는 '자본의 인격화'였다. 소련에서는 관료가 '자본의 인격화'라는 기능을 한다. 바로 이 점을 트로츠키는 직접적으로 부정했다. 그는 관료가 분배 과정에서 누가 언제 무엇을 받게 되는가를 결정하는 '헌병'에 불과하다고 보았다. 그러나 이것은 자본축적 과정을 지도하는 것과 분리될 수 없다. 관료가 자본축적 과정을 지도하지 않는다는, 즉 관료가 자본의 '인격화' 구실을 하지 않는다는 추론은 잠깐만 검토해 보아도 잘못임을 알 수 있다. 관료가 아니라면 누가 한다는 말인가? 명백히 노동계급은 아닐진대.

마지막 사항은 임금노동이 일정 기간 불가피하게 지속될 진정한 이행기 사회(노동자 국가, 즉 프롤레타리아 독재)와 모든 형태의 자본주의 사이에 존재하는 **본질적** 차이를 정확하게 보여 준다. 노동계급이 집단적으로 경제를 통제하게 되면 자본-임노동 관계는 **변한다**(그리고 궁극적으로 철폐된다). 산업사회에서 경제에 대한 노동계급의 집단적 통제를 제거한다면 자본의 힘은 회복된다. 노동자들이 사회를 어느 정도 통제하지 못한다면 노동자 국가라는 개념은 무의미한 것이 된다.

물론 소련 사회를 모종의 국가자본주의라고 설명한다면, 소련 사회가 매우 독특한 자본주의 사회라는 점을 인정해야 한다. 비록 그 사회는, 일그러졌든 아니든 노동자 국가보다는 자본주의 국가에 **훨씬** 더 가깝지만 말이다. 여기에서 소련 사회의 특성과 동역학을 논의하는 것은 적절하지 않다. 이에 대한 단연 가장 탁월한 분석은 토니 클리프의 ≪소련 국가자본주의≫에서 찾아볼 수 있다.[20] 여기서는 트로츠키가 소련의 실제 생산관계를 파악하지 못했다는 점과 그 때문에 생겨난 결과들을 살펴보는 것으로 충분하다.

트로츠키의 최종적인 견해는 다음과 같았다.

> 스탈린 체제든 파시스트 체제든 간에 전체주의 체제는 본질상 단지 일시적 이행기 체제일 수밖에 없다. 역사상 노골적인 독재는 대체로 특히 심각한 사회적 위기의 산물이자 징후였지 결코 안정된 체제의 산물이나 징후가 아니었다. 사회가 영원히 심각한 위기에 빠져 있을 수는 없다. 전체주의 국가가 일정 시기 동안 사회적 모순을 억누를 수 있다고 하더라도, 영속적으로 존재할 수는 없다. 소련에서 벌어지고 있는 대규모 숙청은 소비에트 사회가 관료를 축출하는 방향으로 자연스럽게 나아가고 있다는 사실을 가장 생생히 보여 준다. …… 단말마의 고통이 다가오고 있다는 징조인 이 대대적이고 기만적인 숙청을 통해, 스탈린은 관료가 안정적인 지배계급으로 변신할 수 없다는 것을 여실히 보여 주고 있다. 겨우 몇 년, 심지어 몇 달 만에 수치스럽게 몰락할 것이 뻔한 보나파르트 과두 집단을 새로운 지배계급이라고 부른다면 우리 스스로 우스꽝스러운 처지에 놓일 것이다.[21]

그러한 몰락의 원인은 "점차 세계 부르주아지의 도구가 돼 가는" 관료가 …… "새로운 소유 형태들을 파괴할 것"이기 때문이거나 아니면 프롤레타리아 혁명(또는 외국의 정복)이 일어날 것이기 때문이라는 것이다. 게다가 그러한 몰락은 가까운 장래에, 즉 "몇 년, 심지어 몇 개월" 내에 일어날 것이라고 트로츠키는 예상했다.

바로 이것이 트로츠키가 추종자들에게 유산으로 남겨 준 평가였고 그것은 서구 자본주의에 대한 그의 전망과 마찬가지로 추종자들을 혼동에 빠뜨렸다. 그러나 자본주의를 부활시키고 싶어 하는 관료 분파가 존재한다는 주장은 적어도 우리 분석의 대상이 되는 어느 시기를 보더라도 신화였음이 입증됐다(그에 대한 트로츠키의 확신은 선진 자본주의 나라들에서 전체주의적 국가 통제 체제가 등장할 가능성이 있다는 자신의 견해와 명백히 모순되는 것이었다).

전쟁을 헤쳐 나온 소련은 관료가 국유화된 산업을 바탕으로 확고하게 지배하면서 전보다 더욱 강력해졌다(다른 열강들에 비해 상대적으로). 더욱이 소련은 체코슬로바키아, 폴란드, 헝가리, 루마니아, 불가리아, 동독 그리고 북한에 소련식 체제를 모방한 체제들을 이식했다. 앞서 말한 대로 알바니아, 유고슬라비아, 그리고 좀 더 늦게 중국과 북베트남에서는 소련 군대가 대규모로 직접 개입하지 않고서도 '토착' 스탈린주의 정권들이 권력을 장악했다. 명백히 스탈린 체제는 '단말마의 고통'을 겪지 않았을 뿐 아니라 프롤레타리아 혁명이 일어나지 않는 상황에서 '고전적'

국가독점자본주의를 대체할 자본축적 방식이었다.

빗나간 연속혁명

1948~1949년에 중국 공산당이 권력을 장악하는 과정에서 산업 노동계급은 아무런 구실도 하지 못했다. 뿐만 아니라 노동자들은 공산당 내에서 아무 구실도 하지 못했다.

후자의 사항을 먼저 살펴보자. 1925년 말에는 노동자가 중국 공산당의 66퍼센트 이상(농민은 5.0퍼센트, 나머지는 다양한 도시 프티부르주아지였고, 그들 가운데 지식인이 지배적이었다)을 차지하고 있었던 반면에, 1930년 9월에 노동자 비율은, 중국 공산당 자체의 자료를 보면 1.6퍼센트까지 떨어졌다.[22]

그 뒤부터 마오쩌둥 군대가 중국을 정복할 때까지 중국 공산당에는 노동계급 당원이 사실상 전혀 없었다.

1927년 말 '광둥코뮌' 패배 이후, 살아남은 중국 공산당원들은 농촌으로 깊숙이 후퇴해 게릴라전에 의존했다. 수시로 영토가 변하는, 농민을 기반으로 하는 '장시 소비에트 공화국'이 중국 중부에 수립됐는데, 1934년 장제스 군대에게 마침내 점령당하자, 홍군은 북서쪽 변방의 산시 성陝西省까지 '대장정'을 수행했다. 압도적인 적에 맞서 싸우면서 수행된 이 영웅적인 작전으로 당-

군대(당과 군대를 구별하기가 갈수록 어려워졌다)는 도시 생활, 근대 산업 그리고 중국 노동계급과는 완전히 동떨어진 지역으로 물러났다. 당시 홍군 총사령관이었던 주더朱德는 "공산당이 통제하고 있었던 지역들은 전국에서 경제적으로 가장 후진적인 지역들이였다"고 자인했다.[23] 게다가, 당시 중국은 세계에서 가장 후진적인 나라 축에 들었다.

그러한 지역들에서 중국 공산당 군대는 10년 이상 장제스 군대(1935년부터 명목상으로는 동맹 관계였지만)와 일본 침략군에 맞서서 생존을 위한 투쟁을 벌였다. 인구의 대다수가 농민인 이 나라에서 일반적인 위계적 방식과 권위주의적 방식을 따라, 위로는 탈계급화한 도시 지식인들과 아래로는 농민으로 이루어진 국가기구가 건설됐다.

일본군은 1937~1945년까지 공업이 상당히 성장한 지역 모두와 만주(공업이 성장하는 지역), 그리고 공업(과 프롤레타리아)이 쇠퇴한 해안 도시들을 지배했다.

1945년에 일본이 항복하자 국민당 군대는 미국의 도움으로 중국의 대부분을 다시 점령했다. 그러나 철저하게 부패한 국민당 정권은 당시 거의 와해 상태에 있었다. 전국적인 국공연립정부를 수립하려는 시도가 좌절되자 중국 공산당은, 사기 저하되고 지리멸렬한 적을 순전히 군사적인 수단으로 정복했다. 국민당에 대한 미국의 대규모 군사원조와 지원도 아무런 소용이 없었다. 국민당 군대는 사단급, 심지어 군단급 부대까지 대거 탈영했고, 흔히 그들의 지휘관인 장군들도 함께 탈영하기도 했다.

마오쩌둥의 전략은 이러한 충성심의 이반을 부추기고 농민이나 노동자 — 특히 노동자 — 의 어떠한 독자적인 행동도 자제시키는 것이었다. 공산당은 노동계급과 완전히 단절돼 있었다. 베이징 점령을 앞두고 베이징 지구 공산당 군사령관이었고 1971년에 불명예 속에 죽을 때까지 마오쩌둥의 후계자였던 린뱌오林彪는 노동자들에게 봉기하지 말 것과 "질서를 유지하고 현재의 작업장을 이탈하지 말" 것이며 "도시와 농촌의 정부 기구나 정부 기구에 해당하는 곳에서 근무하는 국민당 관리들과 경찰 요원들은 …… 자신들의 직무를 계속해야 한다"고 명령하는 포고문을 발표했다.[24] 1949년 1월, 베이징 수비대를 지휘하던 국민당 장군이 항복했다. '질서'는 유지됐다. 이 군사 통치자가 저 군사 통치자로 대체됐을 뿐이다.

이것은 중국 공산당 군대가 1925~1926년 혁명에서 폭풍의 눈이었던 상하이와 한커우 같은 중국 중부의 대도시들과 양쯔 강에 진격했을 때도 마찬가지였다. 마오쩌둥(정부의 수반)과 주더(군 최고사령관)가 서명해 발표한 특별성명서에는 다음과 같이 적혀 있었다.

모든 업종의 노동자들과 종업원들은 직장을 이탈하지 말 것이며

기업은 정상 영업을 지속할 것이며 …… 모든 직급의 …… 국민당 관리들 …… (그리고) 경찰 요원들은 자기 직무를 계속해야 하고 인민해방군과 인민정부의 명령에 복종해야 한다.[25]

이것은 "기업이 정상 영업을 지속하는" 이상한 혁명이었다. 이러한 방침은 끝까지 고수됐고 1949년 10월에는 '인민공화국'이 선포됐다. 바로 이 때문에 미국 사회주의노동자당의 지도자들을 비롯해 수많은 트로츠키 추종자들은 중국에서 1949년 이후 몇 년 동안 진정한 변화가 전혀 일어나지 않았다고 주장했다.

이러한 주장은 틀렸음이 입증됐다. 실제 전복이 일어났던 것이다. 그러나 어떠한 종류의 전복이었나? 연속혁명론의 중심 내용은 후진국 부르주아지는 부르주아 혁명을 지도할 능력이 없다는 확신이었다. 그것은 중국 혁명에서 다시 한 번 입증됐다. 연속혁명론의 또 다른 중심 내용은 노동계급만이 민주주의 혁명에서 농민과 도시 프티부르주아 대중을 지도할 수 있고, 민주주의 혁명이 사회주의 혁명과 결합될 것이라는 확신이었다. 그것은 틀렸음이 입증됐다. 세계 어디에도 대중적인 혁명적 노동자 운동이 전혀 없는 상황에서 중국 노동계급은 수동적인 상태에 있었다. 그렇다고 농민이 독자적인 정치적 구실을 할 능력이 없다는 마르크스의 견해가 반박당한 것도 아니었다. 1949년 혁명은 농민이 이끄는 운동이 아니었다.

그러나 혁명은 일어났다. 중국은 통일됐다. 제국주의 열강들은 중국 대륙에서 축출됐다. 농업 문제는 비록 '해결'되지는 않았지만 어쨌든 지주제 폐지로, 최대한 진전돼서 — 사회주의에는 어림도 없이 못 미치지만 — 마무리됐다. 트로츠키 자신이 이해한 부르주아(또는 민주주의) 혁명의 기본 과제들은 노동운동이 성장할 수 있는 정치적 자유를 제외하고는 모두 성취됐다.

이 모든 것들은 탈계급화한 지식인들의 지도로 성취됐다. 그들은 일반적인 사회적 붕괴 상황에서 농민군을 창설해, 해체될 지경에 이른 부패한 체제를 군사적 수단으로 정복했다. 2000여 년 전에 한漢 왕조도 마오쩌둥처럼 부농 출신으로 왕조를 창시한 사람의 지도로 이와 비슷한 상황에서 건설됐다. 그러나 20세기 중반에 새로운 체제의 생존은 공업화에 달려 있었다. 중국식 스탈린 체제는 바로 이러한 공업화 필요성에 뿌리를 두고 있었다. 사태의 이러한 발전 양상은 트로츠키가 예상하지 못했던 것이다. 이 점 자체는 놀라운 것도 아니고 중요한 것도 아니다. 그러나 예상하지 못한 다른 결과들과 함께 살펴볼 때, 그것은 트로츠키주의 운동의 미래에 상당한 영향을 끼치는 것이었다.

여기에서는 중국의 사례만을 검토했다. 왜냐하면 중국 혁명의 사례가 단연 가장 중요한 것이기 때문이다. 그러나 중국 혁명 이전의 유고슬라비아와 알바니아, 그리고 중국 혁명 이후의 북베트남과 쿠바에서도 어느 정도 비슷했다. 트로츠키가 이해한

연속혁명론과는 사뭇 다른 현상을 설명하려고 토니 클리프는 "빗나간 연속혁명"이라는 용어를 도입했다.[26]

트로츠키 사후의 트로츠키주의

트로츠키 사후에 트로츠키 추종자들이 직면한 정치적 난관들을 다음 두 가지 이유로 살펴볼 필요가 있다. 첫째로, 트로츠키 자신이 제4인터내셔널이 최고로 중요하다고 확신했기 때문이고 둘째로, 그러한 난관들이 트로츠키 사상의 강점과 약점을 더 분명히 보여 주기 때문이다.

트로츠키의 비타협적인 혁명적 국제주의 덕분에 제2차세계대전 중에 트로츠키 추종자들은 엄청난 압력에도 불구하고(압도 다수 노동계급 대중의 압력과 특히 가장 우수하고 전투적인 노동자들의 압력에도 불구하고) 연합국 진영의 '민주주의적' 제국주의와 타협하기를 단호히 거부할 수 있었다. 그들은 정말로 '시류를 거슬러' 헤엄쳤고 박해와 투옥(나치 점령하의 나라들에서는 말할 것도 없고 영국과 미국에서도) 그리고 유럽에 있던 상당수 트로츠키주의자 활동가들이 처형당했지만 굴복하지 않았다.

그들은 엄청난 어려움에도 불구하고 전통을 유지했고, 새로운 구성원들을 충원했고, 적어도 일부 조직은 사회적 구성에서 노동계급 비율이 더 높은 경우도 있었다(이것은 미국과 영국의 경우에 분명한 사실이었다). 그들은 가까운 장래에 프롤레타리아 혁명이 일어나리라는 희망 때문에 고무되고 강화됐다. 그래서 영국의 가장 주요한 트로츠키주의 조직은 자신들이 1942년에 했던 전망을 1944년에 ≪권력을 준비하며≫라는 제하의 팸플릿으로 발간했다! 당시 그 조직의 회원은 200~300명에 불과했다. …… 트로츠키의 사상은 이렇게 당면한 난제들을 터무니없이 무시하는 태도와 미래에 대한 굳건한 신념이 결합되도록 고무했다. 이것은 전 세계 트로츠키 지지자들의 공통된 특징이었다.

불행하게도 여기에는 또 다른 측면이 있었다. 그들은 트로츠키가 1938~1940년에 내놓은 세계 전망과 예측들이 자구 하나하나까지 정확하다고 고지식하게 믿었다. 사회주의의 궁극적 승리를 확신하는 혁명적 국제주의와, 자본주의와 스탈린주의의 전망에 관한 **구체적** 평가라는 두 가지 상이한 요소가 뒤섞여 버렸다. 그래서 더 '정설' 트로츠키주의자들의 눈에는, 급변하는 상황을 직시하는 태도가 '수정주의' 비슷하게 보였던 것이다. 1945년 이후 몇 년 동안 트로츠키주의 운동은 대부분 '1938년 상황'에서 한 발짝도 전진하지 못했다.

마침내 그 상황에서 벗어나게 됐을 때 여러 상이한 조류들이 등장했는데, 어떤 조류들에는 진정한 공산주의 전통의 요소들이 더 많이 보존돼 있었고, 다른 조류들에는 형편없이 적게 보존돼 있었다. 그들의 가장 커다란 약점은 대부분의 경우에 스탈린주의의 흡인력에, 그리고 얼마 뒤인 1950년대와 1960년대에는 제3세계주의Third Worldism의 흡인력에 제대로 저항할 수 없었다는 것이다. 그리고 이 때문에 그들은 산업 노동계급 내에서 혁명적 경향을 재창출하는 활동을 지속하고 전념하지 못했다. 그래서 그들의 대체로 프티부르주아적인 성격은 더욱 강화됐고 악순환은 되풀이됐다.

그러나 트로츠키의 평생에 걸친 투쟁의 유산, 도저히 믿을 수 없을 만큼 어려운 조건들 속에서 수행한 최후의 투쟁이 남긴 유산이 이루 말할 수 없이 값진 것이라는 점은 오늘날에도 여전히 사실이다. 마르크스주의를 단순히 약간 박식한 비평으로 여기지 않고 이론과 실천의 종합으로 여기는 마르크스주의자들 모두에게 트로츠키의 유산은 오늘날 그러한 종합에 기여하는 필수적 요소다.

후주

머리말

1 P Anderson, *Considerations on Western Marxism*(London, New Left Books, 1976), p 29[국역 : ≪서구 마르크스주의 읽기≫(이매진, 2003), 옮긴이가 번역을 약간 바꾸었음].

1장 연속혁명

1 "Engels to Kautsky", *Marx and Engels : Selected Correspondence 1846-1895*(London, Lawrence & Wishart, 1936), p 399
2 "Manifesto of the Russian Social-Democratic Workers' Party", (1898), in R V Daniels(ed.), *A Documentary History of Communism*(New York, Vintage, 1962), Vol. 1, p 7[국역 : ≪러시아 맑스주의≫(거름, 1991), 옮긴이가 번역을 약간 바꾸었음].
3 Lenin, *Collected Works*(Moscow, Foreign Language Publishing House, 1960), Vol. 9, pp 55~57. 강조는 레닌[국역 : ≪민주주의 혁명에서의 사회민주주의당의 두 가지 전술≫(박종철출판사, 2003), 옮긴이가 번역을 약간 바꾸었음].
4 같은 책, Vol. 21, p 33.
5 Trotsky, "Our Differences", *1905*(New York, Vintage, 1972), p 312.
6 같은 쪽.
7 같은 책, pp 313~314.
8 Trotsky, "Results and prospects", *The Permanent Revolution*, 1962, pp 194~195. 강조는 던컨 핼러스[국역 : ≪연속혁명 · 평가와 전망≫(책갈피, 2003)].

9 Lenin, 앞의 책, Vol. 9, p, 28.

10 Trotsky, "Our Differences", 앞의 책, p 317.

11 이런 얘기를 뒷받침하기 위해 자세한 증거를 제시하는 것은 이 책의 목적에서 한참 벗어나는 일이다. 트로츠키 자신이 지은 *The Russian Revolution*, (London, Sphere, 1977 and Pluto Press, 1978), Vols. I, II[국역 : ≪러시아 혁명사≫(풀무질, 2003, 2004), 상, 중]과 토니 클리프가 지은 *Lenin*, (London, Pluto Press, 1976), Vol. 2[국역 : ≪레닌 평전 2≫(책갈피, 2009)]는 서로 사건을 바라보는 관점이 조금 다르긴 하지만 어쨌든 결정적 증거를 제시하고 있다.

12 Tony Cliff, 앞의 책, Vol. 2, p 138.

13 Isaac Deutscher, *The Prophet Unarmed*(London, Oxford University Press, 1959), p 323[국역 : ≪비무장의 예언자 트로츠키≫(필맥, 2007)].

14 Trotsky, "The Chinese Communist Party and the Kuomintang", *Leon Trotsky on China*(New York, Monad, 1976), pp 113~115.

15 Trotsky, "First Speech on the Chinese Question", 같은 책, p 227.

16 Trotsky, "Summary and Perspectives of the Chinese Revolution", 같은 책, p 297.

17 Trotsky, "The Chinese Revolution and the Theses of Comrade Stalin", 같은 책, pp 162~163.

2장 스탈린 체제

1 Lenin, 앞의 책, Vol. 33, pp 65~66.

2 E H Carr, *The Bolshevik Revolution*(Harmondsworth, Penguin, 1963), Vol. 2, pp 194~200.

3 V Serge, *From Lenin To Stalin*(New York, Monad, 1973), p 39.

4 Trotsky[노동조합논쟁이 절정에 달한 10차 당대회에서 트로츠키가 했던 연설의 일부 — 옮긴이], I Deutscher, *The Prophet Armed*(London, Oxford University Press, 1954), p 509[국역 : ≪무장한 예언자 트로츠키≫(필맥, 2005), 옮긴이가 번역을 약간 바꾸었음].

5 Lenin, 앞의 책, Vol. 32, p 24.

6 같은 책, p 48.

7 I Deutscher, *The Prophet Unarmed*, 앞의 책. 2장과 3장에서 자세히 서술하고 있다.

8 *Platform of the Opposition*(London, New Park, 1973), pp 35~36.

9 Stalin, in Trotsky, *The Revolution Betrayed*(London, New Park, 1967), p 291 [국역 : ≪배반당한 혁명≫(갈무리, 1995)].

10 Trotsky, "Where Is the Soviet Republic Going?", *Writings of Leon Trotsky 1929*(New York, Pathfinder Press, 1975), pp 47~48.

11 같은 책, p 50.

12 같은 책, p 51.

13 Trotsky, "Problems of the Development of the USSR", *Writings of Leon Trotsky 1930-31*(New York, Pathfinder Press, 1973), p 215.

14 같은 책, p 182. 강조는 트로츠키.

15 A Nove, *An Economic History of the USSR*(Harmondsworth, Penguin, 1965), p 206.

16 Trotsky, "The Class Nature of the Soviet State", *Writings of Leon Trotsky 1933-34*(New York, Pathfinder Press, 1972), pp 117~118. 강조는 트로츠키.

17 Trotsky, "The Workers' State, Thermidor and Bonapartism", *Writings of Leon Trotsky 1934-35*(New York, Pathfinder Press, 1971), pp 166~167.

18 같은 책, p 182.

19 같은 쪽.

20 I Deutscher, 앞의 책, p 139.

21 Trotsky, "The workers' state, Thermidor and Bonapartism", 앞의 책, pp 172~173. 강조는 트로츠키.

22 Trotsky, "The Death Agony of Capitalism and the Tasks of the Fourth International", in *Documents of the Fourth International*(New York, Pathfinder Press, 1973), p 210. 강조는 트로츠키.

23 같은 책, p 211.

24 같은 책, pp 211~212.

25 Trotsky, *The Revolution Betrayed*, 앞의 책, p 278.

26 Trotsky, "The Death Agony of Capitalism and the Tasks of the Fourth International", 앞의 책, p 213. 강조는 트로츠키.

27 Trotsky, *The Revolution Betrayed*, 앞의 책, p 254.
28 같은 책, p 255.

3장 전략과 전술

1 Trotsky, "Manifesto of the Communist International to the Workers of the World", *The First Five Years of the Communist International*(New York, Pioneer, 1945), Vol. 1, pp 29~30.
2 J Degras, *The Communist International 1919-43*(London, Cass, 1971), Vol. 1, p 16.
3 같은 책, p 6.
4 Lenin, 앞의 책, Vol. 28, p 455.
5 S Haffner, *Failure of a Revolution: Germany 1918-19*(London, Andre Deutsch, 1973), p 152.
6 Lenin, 앞의 책, Vol. 21, p 40.
7 J Degras, 앞의 책, Vol. 1, pp 12~13.
8 같은 책, p 19.
9 Lenin, 앞의 책, Vol. 25, p 393.
10 Lenin, 앞의 책, Vol. 29, p 311.
11 J Degras, 앞의 책, p 13.
12 Lenin, 앞의 책, Vol. 31, pp 206~207.
13 같은 책, p 206.
14 J Degras, 앞의 책, p 230.
15 Trotsky, "Speech on Comrade Zinoviev's Report on the Role of the Party", *The First Five Years of the Communist International*, 앞의 책, Vol. 1, pp 97~99.
16 같은 책, p 101.
17 같은 책, p 141.
18 같은 책, pp 303~305.
19 같은 책, pp 294~295.
20 J Degras, 앞의 책, Vol. 1, p 230.

21 Trotsky, *The First Five Years of the Communist International*, 앞의 책, Vol. 1, pp 91~95.

22 Trotsky, *Writings of Leon Trotsky 1932-33*(New York, Pathfinder Press, 1972), pp 51~55.

23 E H Carr, *The Interregnum 1923-1924*(Harmondsworth, Penguin, 1965), p 221.

24 Trotsky, "Lessons of the General Strike", *Trotsky's Writings on Britain* (London, New Park, 1974), Vol. 2, p 241, p 245.

25 같은 책, p 254. 강조는 트로츠키.

26 같은 책, pp 252~253.

27 J Degras, 앞의 책, Vol. 3, p 44.

28 같은 책, p 159.

29 같은 책, p 224.

30 Trotsky, "The Turn in the Communist International", *The Struggle Against Fascism in Germany*(New York, Pathfinder Press, 1971), pp 57~60. 강조는 트로츠키.

31 Trotsky, "What Next?", *The Struggle Against Fascism in Germany*, 앞의 책, p 248.

32 같은 책, p 254.

33 J Degras, 앞의 책, Vol. 3, p.375.

34 같은 책, p 390.

35 같은 책, p 384.

36 F Morrow, *Revolution and Counter-Revolution in Spain*(New York, Pioneer, 1938), p 34.

37 같은 책, p 35.

38 Trotsky, "The Lessons of Spain: The Last Warning", *The Spanish Revolution (1931-39)*(New York, Pathfinder Press, 1973), pp 322~323.

4장 당과 계급

1 I Deutscher, *The Prophet Armed*, 앞의 책, p 45.

2 *1903: Second Congress of the Russian Social-Democratic Labour Party* (London, New Park, n.d.), p 204.

3 Trotsky, "Our Political Tasks", in R V Daniels(ed.), *A Documentary History of Communism*(New York, Vintage, 1962), Vol. 1, p 31.

4 Schurer, "The Permanent Revolution", in Labedz(ed.), *Revisionism*(London, Allen & Unwin, 1962), p 73을 보시오. 강조는 던컨 핼러스.

5 같은 책, p 74.

6 T Cliff, 앞의 책, Vol. 1, pp 168~179와 pp 97~ 139를 보시오.

7 Trotsky, "What Next?", The Struggle Against Fascism in Germany, 앞의 책, p 163. 강조는 트로츠키.

8 같은 책, pp 163~164.

9 같은 쪽.

10 Trotsky, "Manifesto of the Communist International to the Workers of the World", *The First Five Years of the Communist International*, 앞의 책, Vol. 1, p 29.

11 Trotsky, "What Next?", 앞의 책, p 254.

12 Trotsky, "The Spanish Revolution and the Danger Threatening It", *The Spanish Revolution(1931-39)*, 앞의 책, p 133.

13 Trotsky, "The Groupings in the Communist Opposition", *Writings of Leon Trotsky 1929*(New York, Pathfinder Press, 1975), p 81.

14 Trotsky, "The International Left Opposition: Its Tasks and Methods", *Writings of Leon Trotsky 1932-33*(New York, Pathfinder Press, 1972), p 56.

15 Trotsky, *History of the Russian Revolution*, 앞의 책, Vol. 1, p 306.

16 Trotsky, "The Evolution of the Comintern", *Documents of the Fourth International*(New York, Pathfinder Press, 1973), Vol. 1, p 128.

17 Trotsky, "Thermidor and Bonapartism", *Writings of Leon Trotsky 1930-31*(New York, Pathfinder Press, 1973), p 75.

18 Trotsky, "For A Workers' United Front Against Fascism", *The Struggle Against Fascism in Germany*, 앞의 책, p 134. 강조는 트로츠키.

19 Trotsky, "Germany: Key to the International Situation", *The Struggle Against Fascism in Germany*, 앞의 책, pp 121~122.

20 Trotsky, "The Stalin Bureaucracy in Straits", *Writings of Leon Trotsky 1932*(New York, Pathfinder Press, 1973), p 125.
21 Trotsky, "To the Editorial Board of Prometeo", *Writings of Leon Trotsky 1930*(New York, Pathfinder Press, 1975), pp 285~286.
22 T Cliff, 앞의 책, Vol. 2, p 12.
23 J van Heijenoort, *With Trotsky in Exile*(Boston, Harvard University Press, 1978), p 38.
24 Trotsky, "Lessons of the SFIO Entry", *Writings of Leon Trotsky 1935-1936* (New York, Pathfinder Press, 1970), p 31.
25 Trotsky, "It Is Time To Stop", *Writings of Leon Trotsky 1933-34*(New York, Pathfinder Press, 1972), pp 90~91.
26 Trotsky, "Centrist Alchemy or Marxism", *Writings of Leon Trotsky 1934-35*(New York, Pathfinder Press, 1971), p 274.
27 Trotsky, "A Great Achievement", *Writings of Leon Trotsky 1937-38*(New York, Pathfinder Press, 1976), p 439.

5장 트로츠키가 남긴 유산

1 *Moscow Trials: An Anthology*(London, New Park, 1967), p 12를 보시오.
2 I Deutscher, *The Prophet Outcast*(New York, Vintage, 1964), p 171을 보시오 [국역 : ≪추방된 예언자 트로츠키≫(필맥, 2007)].
3 Trotsky, "Fighting against the Stream", *Writings of Leon Trotsky 1938-39* (New York, Pathfinder Press, 1974), pp 251~252.
4 Trotsky, "The Death Agony of Capitalism and the Tasks of the Fourth International", *Documents of the Fourth International*(New York, Pathfinder Press, 1973), p 180.
5 Trotsky, "The USSR in War", *In Defence of Marxism*(London, New Park, 1971), p 9.
6 Trotsky, "The death agony of capitalism and the tasks of the Fourth International", 앞의 책, p 183.

7 같은 책, p 182.

8 Trotsky, "The Comintern's Liquidation Congress", *Writings of Leon Trotsky 1935-36*(New York, Pathfinder Press, 1970), p 11.

9 Trotsky, "The USSR in War", 앞의 책, p 10.

10 M Kidron, *Western Capitalism Since the War*(Harmondsworth, Penguin, 1967), p 11.

11 Trotsky, "The Founding of the Fourth International", *Writings of Leon Trotsky 1938-39*, 앞의 책, p 87.

12 Trotsky, "The death agony of capitalism and the tasks of the Fourth International", 앞의 책, p 183.

13 Trotsky, "The USSR in War", 앞의 책, pp 4~5.

14 같은 책, p 21.

15 같은 책, p 18.

16 Trotsky, *The Revolution Betrayed*, 앞의 책, pp 245~246.

17 Trotsky, "Ten Years", *Writings of Leon Trotsky 1938-39*, 앞의 책, p 341.

18 Marx, *Poverty of Philosophy*(London, Lawrence & Wishart, 1937), pp 129~130[국역 : ≪철학의 빈곤≫(1988, 아침), 옮긴이가 번역을 약간 바꾸었음].

19 Marx, 'Wage Labour and Capital,' *Selected Works of Marx and Engels* (London, Lawrence & Wishart, 1934), pp 265~266[국역 : ≪칼 맑스 프리드리히 엥겔스 저작선집 1≫(박종철 출판사, 1990), 옮긴이가 번역을 약간 바꾸었음].

20 T Cliff, *State Capitalism in Russia*(London, Pluto Press, 1974)[국역 : ≪소련 국가자본주의≫(책갈피, 1993)].

21 Trotsky, "The USSR in War", 앞의 책, pp 16~17.

22 H Isaacs, *The Tragedy of the Chinese Revolution*(London, Secker & Warburg, 1938), p 394.

23 Tony Cliff, "Permanent Revolution", *International Socialism*, 1962, No. 12, p 17을 보시오.

24 같은 책, p 18.

25 같은 쪽.

26 같은 쪽.

찾아보기

기타